Cinzia Cordera Alberti

Chiaro!
corso di italiano
Esercizi supplementari

B1

ALMA Edizioni

Accedi gratuitamente all'**area web** di ***Chiaro!*** con test, esercizi interattivi, glossari, attività extra, giochi e molto altro ancora.

Chiaro! B1, esercizi supplementari

Autrice: Cinzia Cordera Alberti

Redazione: Marco Dominici, Carlo Guastalla, Euridice Orlandino, Chiara Sandri, Valerio Vial

Progetto copertina: Lucia Cesarone

Illustrazioni interne: Virginia Azañedo

Progetto grafico: Sieveking print & digital

Impaginazione: Gabriel de Banos

Stampa: La Cittadina - Gianico (BS)

Printed in Italy
ISBN: 978-88-6182-292-4

2013 © Alma Edizioni – Firenze

L'editore è a disposizione degli aventi diritto con i quali non è stato possibile comunicare nonché per eventuali omissioni o inesattezze nelle citazioni delle fonti. I diritti di traduzione, di memorizzazione elettronica, di riproduzione e di adattamento totale o parziale, con qualsiasi mezzo (compresi microfilm e copie fotostatiche) sono riservati per tutti i paesi.

Alma Edizioni
Via dei Cadorna, 44
50129 Firenze
Tel. +39 055 476644
Fax +39 055 473531
alma@almaedizioni.it
www.almaedizioni.it

Introduzione

Questo volume di esercizi supplementari si rivolge a tutti gli studenti che utilizzano e desiderano praticare i contenuti del corso di italiano *Chiaro! B1*.

Le 10 lezioni qui presentate seguono di pari passo la progressione di quelle del manuale. Scopo del volume è consolidare le strutture, le abilità comunicative e il lessico appresi nel corso della corrispondente lezione di *Chiaro! B1* attraverso una gamma di esercizi ampia e diversificata.

In ogni lezione gli studenti troveranno
- nella sezione *Proverbi e modi di dire*, brevi esercizi di completamento su proverbi e modi di dire italiani presenti nelle corrispondenti unità
- nella sezione *Conosci l'Italia?*, brevi test a scelta multipla sui testi scritti presenti nelle corrispondenti unità

e potranno così esercitare ulteriormente la comprensione scritta e verificare allo stesso tempo le conoscenze acquisite circa la cultura, la geografia e la storia italiana.

Grazie al CD allegato, che contiene una selezione dei dialoghi presenti in *Chiaro! B1*, gli studenti avranno modo di sviluppare ulteriormente l'abilità di comprensione e produzione orale e la pronuncia. Le attività relative ai dialoghi si trovano nella sezione *Ancora più ascolto*. Per indicazioni dettagliate su come utilizzare in modo proficuo i brani audio, si consiglia la lettura di *Ancora più ascolto - Istruzioni per l'uso* alla pagina seguente.

Gli esercizi supplementari sono pensati soprattutto per il lavoro individuale a casa. Le soluzioni sono riportate in appendice.

Si consiglia di svolgere gli esercizi di una data lezione solo dopo aver svolto quelli della corrispondente lezione del manuale. Se alcune attività dovessero risultare particolarmente difficili, invitiamo gli studenti a rivedere quel dato argomento grammaticale o lessicale in *Chiaro! B1*.

Buon lavoro,

l'autrice e l'editore

Ancora più ascolto - Istruzioni per l'uso

Questa sezione contiene attività che vertono sulla comprensione orale, la produzione scritta e la pronuncia. Per poterle svolgere è necessario il CD audio allegato al presente volume.

Il simbolo **CD▶01** indica il numero della traccia audio da ascoltare per poter svolgere l'attività (la prima, nell'esempio).

Le attività di questa sezione sono strutturate in due parti:

Fase 1

- Gli studenti svolgono un compito scritto durante l'ascolto (ripetuto) del dialogo segnalato: completamento di un testo, riordino delle battute, ecc. Si consiglia di ascoltare il brano finché lo si ritiene necessario, fino a completo svolgimento dell'attività.
- Verificano la correttezza delle risposte fornite grazie alle soluzioni presenti in appendice.

Fase 2

- Gli studenti sono invitati a pronunciare tutte o parte delle battute che compongono il dialogo.
- Ripetono l'attività fino a padroneggiare il testo orale.

Indice

Introduzione   3
Istruzioni per l'uso   4

1. **Il piacere di imparare**   7
2. **Un viaggio indimenticabile**   13
3. **Mosaici familiari**   19
4. **Il mondo in rete**   25
5. **Obiettivo benessere**   31
6. **Lavoro e società**   39
7. **Fai la tua parte**   47
8. **Sulla carta e sullo schermo**   55
9. **Piccolo grande schermo**   63
10. **Parla chiaro!**   71

Soluzioni   79
Indice delle fonti   95

'ALMA.tv / lingua e cultura italiana per il mondo

la prima WEB TV dedicata alla lingua e alla cultura italiana

ALMA.tv è la WEB TV per tutti gli appassionati dell'Italia e dell'italiano: lingua, cultura, didattica, grammatica, film, fumetti, quiz, canzoni, tutti contenuti di alta qualità in modalità streaming e on demand.

Abbonati e diventa un UTENTE PREMIUM di ALMA.tv! Entra nella sezione

e scopri tutti i video e i materiali integrativi riservati solo a te!

WWW.ALMA.tv

Il piacere di imparare

1 Completa le frasi con le preposizioni (semplici e articolate).

1 Marina è molto brava _____ cucire e riparare vestiti, ma è negata _____ giardinaggio.
2 I miei figli sono capaci _____ ritoccare le foto al computer e riescono _____ creare dei bellissimi album digitali.
3 Raimondo ha abilità manuale ed è veramente portato _____ bricolage, sa fare un po' di tutto in casa.
4 Franco è bravo _____ tutte le materie scientifiche ed è particolarmente portato _____ fisica.

2 Unisci le parti di destra e sinistra. Coniuga i verbi tra parentesi all'imperativo diretto (con "tu") e aggiungi un pronome diretto, come nell'esempio.

1 Se la gonna è troppo larga,
2 Se i pantaloni sono stretti,
3 Se la macchina non funziona,
4 Se le lampadine sono rotte,
5 Se il cappotto ti sembra lungo,

a (sostituire) _____.
b (riparare) _____.
c (allargare) _____.
d (accorciare) _____.
e (restringere) _restringila_.

3 Trova in ogni lista l'espressione che non può essere associata al verbo.

1. riparare: a maglia – elettrodomestici – biciclette – moto
2. cambiare: una gomma – le pareti – una lampadina – un mobile
3. lavorare: in garage – all'uncinetto – giardinaggio – con le mani

4 Ricostruisci i due annunci mettendo in ordine le parti di testo sotto.

Muoviti con la musica	Come diventare un esperto di funghi
_____	_____

1. Il corso teorico si terrà lunedì 17 settembre dalle ore 20.00 alle ore 22.00 e mercoledì 19 settembre dalle 18.00 alle 20.00.

2. Sabato ci sarà un'escursione all'aperto per raccogliere funghi spontanei.

3. Ciao, sono Fabio, il tuo insegnante. Sei pronto a divertirti e a fare un po' di sport?

4. Allora non mancare, ti aspetto ogni lunedì alle 17.00 nella palestra in via Roma.

5. Ogni lezione è come una festa. Iscriviti al mio corso e capirai perché.

6. Il gruppo "La natura e voi" organizza una serie di tre incontri per imparare a riconoscere i diversi tipi di funghi.

5 Il signor Belli vorrebbe frequentare un corso. Componi il dialogo con la segretaria della scuola basandoti sui dati contenuti nella scheda sotto.

Corso:	restauro del legno
Inizio:	23 aprile, martedì
Orario:	18.00 – 20.00
Durata:	8 incontri
Partecipanti:	massimo 10
Costo:	210 euro + materiale

Segretaria: Buongiorno, mi dica.
Signor Belli: <u>Buongiorno. Vorrei delle informazioni sul corso di restauro.</u>
Segretaria: _____

Signor Belli: _____
Segretaria: _____
Signor Belli: _____
Segretaria: _____
Signor Belli: _____
Segretaria: _____
Signor Belli: _____
Segretaria: _____

Signor Belli: _____

6 *Completa le frasi con pronomi relativi della lista.*

> da cui | che (2) | con cui | in cui | per cui

1. Al secondo piano c'è lo studio del professore _____ tiene le lezioni di diritto.
2. Lunedì è il giorno _____ vado al corso di architettura moderna.
3. Questo è il libro _____ ho iniziato a studiare spagnolo.
4. Il corso di ginnastica _____ frequento è adatto anche ai meno sportivi: è il motivo _____ l'ho scelto.
5. Guarda! Quello è il fotografo _____ lavoravo quando ero studente.

7 *Forma delle frasi coniugando i verbi e inserendo "che" o "cui", come nell'esempio.*

1. (io) conoscere insegnante tenere corso di ballo
   Conosco l'insegnante che tiene il corso di ballo.
2. scuola svolgersi lezioni di recitazione via Roma
   _____
   _____
3. questo maestro (io) imparare a cantare
   _____
4. Mara studiare spagnolo dall'anno andare in pensione
   _____
5. biologia materia piacere molto Valentina
   _____
   _____

PROVERBI E MODI DI DIRE

8 *Completa i proverbi con le parole mancanti.*

1 Chi la dura la _____ .
2 Impara l'_____ e mettila da _____ .

CONOSCI L'ITALIA?

9 *Segna la risposta corretta.*

1 In Italia si può frequentare l'Università della Terza Età (UTE)
   a se si hanno più di 30 anni.
   b se si hanno più di 50 anni.
   c se si hanno più di 60 anni.

2 Per frequentare l'UTE bisogna
   a pagare una quota per ogni corso.
   b pagare una quota unica di iscrizione.
   c pagare una quota ogni mese.

3 In Italia a scuola i professori
   a danno del Lei ai ragazzi.
   b danno del tu ai ragazzi.
   c chiamano i ragazzi per nome.

ANCORA PIÙ ASCOLTO

10 a *Ascolta più volte e completa il dialogo con le frasi mancanti.*

- Oh, buongiorno signora Guglielmi! Anche Lei qui...
- Buongiorno! Eh sì, _____, come ogni anno.
- Ah, quindi è da molto che frequenta questi corsi...
- Sì sì, _____.
- Ah. _____, se posso chiedere... Sa, perché per me invece è la prima volta e non _____ definitivamente.
- Be', quest'anno voglio frequentare un corso _____.
- Ah, bello! Però bisogna avere _____...
- E be'... sì, ma io sono abbastanza _____ con le mani. E poi a casa ho alcuni mobili vecchi e... mi piacerebbe restaurarli da sola.
- Bella idea!
- Eh, vedremo se ci riesco...
- Eh, ma almeno _____, io invece _____ questi lavori manuali, non ho proprio pazienza.

b *Riascolta attentamente il dialogo e ripeti le frasi. Concentrati sull'intonazione.*

Un viaggio indimenticabile

1 Quali problemi possono sorgere se si viaggia in aereo? Completa gli schemi, come nell'esempio.

ritardo

volo

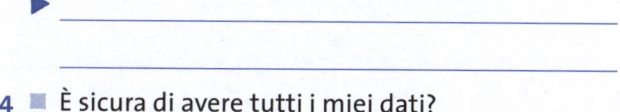 bagaglio

2 In aeroporto: leggi le domande dei clienti e scrivi le risposte appropriate.

1 ■ Ma come non risulta la mia prenotazione?
▶ _____
_____

2 ■ Come faccio senza tutte le mie cose?
▶ _____

3 ■ Ma io ho bisogno subito della valigia!
▶ _____
_____

4 ■ È sicura di avere tutti i miei dati?
▶ _____
_____

3 *Osserva i disegni e descrivi il tour in bicicletta, utilizzando i verbi e le parole della lista, come nell'esempio.*

> percorrere | bosco | attraversare | giungere | zona collinare
> passare | zona pianeggiante | ~~partire~~ | campagna | valle
> posizione panoramica | strada in salita

1

Si parte da _____ e _____

2

3

4

4 *Completa i testi con le preposizioni (semplici o articolate).*

messaggi

1 Simo87

A me e ai miei amici piace fare le vacanze _____ camper: spesso andiamo _____ nord delle Alpi, ci fermiamo _____ una zona montuosa e ogni giorno facciamo delle lunghe passeggiate _____ piedi _____ zaino.

2 Ceci

Io invece amo le gite _____ bicicletta. _____ solito la noleggiamo _____ posto e poi viaggiamo _____ piste ciclabili, ma abbiamo fatto qualche tour più sportivo, _____ mountain bike, _____ zone montuose.

5 *Completa le frasi con gli aggettivi in "-bile" (alla forma positiva o negativa) derivati dai verbi della lista.*

riparare | visitare | perdere | mangiare | raggiungere

1 Pensi di preparare tutto il materiale entro martedì? – No, mi dispiace, è un obiettivo _____.

2 Hai già assaggiato la nuova ricetta di Teresa, la torta senza uova e zucchero? – Sì e non ti consiglio di provarla, è _____.

3 Quando siete stati all'Arena di Verona per il "Nabucco"? – L'anno scorso ed è davvero uno spettacolo _____.

4 La lavatrice è rotta? Dobbiamo comprarne una nuova? – No, è ancora _____ per fortuna.

5 Fino a quando si può vedere l'esposizione su Michelangelo? – È _____ fino al 15 di questo mese.

6 *Descrivi una giornata tipo, coniugando alla forma impersonale i verbi della lista, come nell'esempio.*

> svegliarsi | alzarsi | lavarsi | truccarsi / farsi la barba
> fare colazione | andare a lavorare | incontrarsi per pranzo con i colleghi
> finire di lavorare | rilassarsi | vedersi con gli amici | cenare
> andare a dormire

Ci si sveglia verso le 7,

7 *Leggi il testo a pagina 24 di **Chiaro! B1** e segna la/le risposta/e corretta/e.*

1 Gli "angeli per viaggiatori"
   a scrivono guide turistiche su Napoli.
   b viaggiano per l'Italia con i turisti.
   c accompagnano i turisti a visitare la loro città.

2 Gli "angeli per viaggiatori"
   a affittano camere a un buon prezzo.
   b danno anche consigli sulla loro città attraverso il sito.
   c non vanno mai al cinema o a teatro con i turisti.

3 L'iniziativa "Angeli per viaggiatori"
   a si trova solo a Napoli.
   b si trova in tutte le città italiane.
   c si trova in varie città in Italia e all'estero.

PROVERBI E MODI DI DIRE

8 Completa le frasi con la forma corretta dei verbi della lista.

muovere | mandare | promettere

1. Enrico ha studiato molto e ha _____ mari e monti per ottenere quel lavoro.
2. È inutile _____ sempre a tutti mari e monti e poi non fare niente!
3. Giulio e Marina hanno pianificato il loro viaggio in Sudamerica per più di un anno e poi hanno _____ tutto a monte, perché non avevano abbastanza soldi.

CONOSCI L'ITALIA?

9 Vero o falso? Segna la risposta corretta.

	vero	falso
1. La città di Trapani si trova in Sardegna.	☐	☐
2. La città di Marsala dà anche il nome a una ricetta a base di pesce.	☐	☐
3. A Selinunte ci sono delle rovine romane.	☐	☐
4. Le Isole Egadi si trovano vicino alla costa della Sicilia.	☐	☐

ANCORA PIÙ ASCOLTO

10 a *Ascolta più volte e completa il dialogo con le frasi mancanti.*

▷ Buongiorno. Mi dica.

■ _____. In parte.

▷ Sì. In parte, dice?

■ Sì. _____
ovviamente. La borsa è arrivata, la bici no. O almeno io non la trovo.

▷ Mmm... strano...

■ Infatti...

▷ Senta, _____? È in una sacca o in una valigia portabici?

■ No. È in un cartone. L'ho imballata io. Quindi in pratica è _____
_____.

▷ Ho capito. La Sua _____?

■ _____.

▷ Bene, _____?

■ Eh... sì, sul biglietto... _____.

▷ Va bene. Allora volo Milano-Palermo... bagaglio numero 2783576, pacco... Bah... però non lo trovo.

■ _____?

▷ Eh, _____ fra i bagagli partiti con il Suo volo.

b *Riascolta il dialogo e ripeti le battute del passeggero. Concentrati sull'intonazione.*

Mosaici familiari

1 Ascolta più volte il racconto di Adriano e <u>sottolinea</u> nel testo le informazioni errate.

> Nel mese di maggio del 1967 Adriano non aveva ancora 20 anni, ma lavorava già. Abitava insieme ai genitori vicino al suo posto di lavoro e poteva pranzare a casa ogni giorno, perché aveva due ore di pausa. Si ricorda molto bene di un giorno, in cui c'erano per pranzo i maccheroni con il sugo di pomodoro che gli piacevano tanto. Quel giorno ha avuto una lunga discussione con suo padre a causa degli amici e ha deciso di andare a vivere da solo.

2 Completa le frasi con gli aggettivi della lista, come nell'esempio.

curioso | impaziente | ~~aperto~~ | prudente | apprensivo | permissivo | affettuoso | paziente

aperti _____

Da bambini si è più...

Da anziani si è più...

3 *Per ogni coppia di immagini scrivi una frase utilizzando "mentre" + imperfetto, come nell'esempio.*

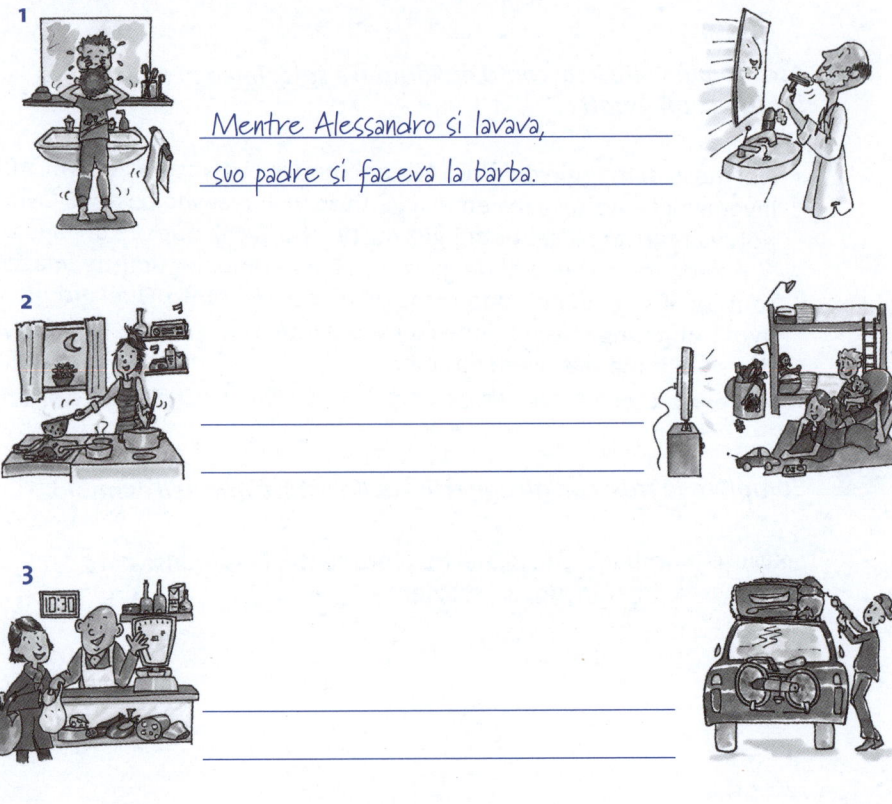

1. Mentre Alessandro si lavava, suo padre si faceva la barba.

2. _____

3. _____

4. _____

4 *Cerca l'intruso in ogni lista.*

1. convivente – suocero – fidanzato – separato
2. il mio amico – il mio ragazzo – il mio compagno – il mio ex
3. sposato – divorziato – cognato – vedovo

5 *Completa lo schema con i congiuntivi della lista. Poi aggiungi le forme verbali mancanti.*

abbiamo | lavori | vedano | lavoriate | vediamo | siamo | offrano

essere
- io, tu, lui/lei/Lei _____
- voi _____
- noi _____
- loro _____

avere
- io, tu, lui/lei/Lei _____
- voi _____
- noi _____
- loro _____

lavorare
- io, tu, lui/lei/Lei _____
- voi _____
- noi _____
- loro _____

vedere
- io, tu, lui/lei/Lei _____
- voi _____
- noi _____
- loro _____

offrire
- io, tu, lui/lei/Lei _____
- voi _____
- noi _____
- loro _____

6 *Completa il dialogo coniugando i verbi della lista al congiuntivo presente.*

volere | essere (3) | fare | avere

- Hai sentito l'ultima novità di Carlo e Cristina?
- No, che cosa è successo?
- Credo che _____ sposarsi.
- Veramente? Ma sono matti!
- Trovi che non _____ una decisione giusta?
- Penso che _____ davvero troppo giovani. Credo che _____ un grande errore. E tu che cosa ne pensi?
- Io invece penso di no, penso che _____ bene. Non capisco il problema. Trovo che in fondo Carlo e Cristina _____ ragione a sposarsi così giovani.

7 *Completa le frasi coniugando i verbi al congiuntivo, come nell'esempio.*

1 Pensate (ragazzi, dire, verità)?

   Pensate che i ragazzi dicano la verità?

2 Credi (Fabio, andare a trovare, genitori, Natale)?

   _____

3 Penso (Banca della memoria, essere, raccolta, racconti, anziani).

   _____

4 Non trova, signora, (giovani, oggi, avere, troppa libertà)?

   _____

5 Credo (questo ristorante, pagare, troppo, non mangiare, bene).

   _____

8 *Sottolinea* la forma corretta tra quelle **evidenziate** e riscrivi le frasi, come nell'esempio.

1. Secondo me **è/sia** meglio finire gli studi e poi sposarsi.
   Penso/Trovo/Credo che...
2. Pensi che io **riesco/riesca** a cambiare una ruota da solo?
   Secondo te...
3. Non credo che il corso **affronta/affronti** questi argomenti.
   _____
4. Trovo che in centro **ci si muove/ci si muova** meglio a piedi.
   _____

PROVERBI E MODI DIRE

9 *Quale modo di dire italiano è rappresentato nel disegno?*
_____
_____

CONOSCI L'ITALIA?

10 *Vero o falso? Segna la risposta corretta.*

	vero	falso
1 In Italia le persone sposate portano la fede all'anulare destro.	☐	☐
2 Dopo la cerimonia delle nozze gli invitati buttano dei confetti sugli sposi.	☐	☐
3 Gli sposi regalano agli invitati una bomboniera.	☐	☐
4 La pioggia porta fortuna alla sposa.	☐	☐

ANCORA PIÙ ASCOLTO

11 a *Ascolta più volte e completa il dialogo con le preposizioni e i pronomi mancanti.*

▷ Agenzia immobiliare Dominici. Buongiorno. Posso esser____ utile?

■ Buongiorno, ____ chiamo Valli e sto cercando un appartamento ____ affitto ____ zona centrale.

▷ Che tipo ____ appartamento? Un monolocale, un bilocale...?

■ Beh, ____ servono almeno due camere ____ letto. I miei figli vivono ____ ____ il fine settimana e quindi ho bisogno ____ una camera anche ____ _____.

▷ Quindi diciamo almeno un trilocale, due camere e cucina?

■ Beh, ____ piacerebbe avere un soggiorno, ma la cucina può essere anche piccola, non mangio molto spesso ____ casa.

▷ Allora penso che l'appartamento ____ Via Roma sia perfetto ____ _____ e i suoi ragazzi. Ha due camere ____ letto, un unico locale cucina-soggiorno molto grande ed è ____ 10 minuti ____ piedi ____ centro. Credo che non possa trovare niente ____ meglio!

b *Riascolta il dialogo e ripeti le battute del cliente. Concentrati sull'intonazione.*

Il mondo in rete

1 *Completa le frasi con il futuro semplice, come nell'esempio.*

1. Da quanti anni vivono a Roma i tuoi amici? – _Saranno_ cinque anni.
2. Sai perché Luca non viene a sciare con noi? – Non so, _____ la febbre.
3. Dov'è il nonno? – Boh, _____ facendo un pisolino.
4. I tuoi colleghi vanno spesso in Germania per lavoro? – Mah, ci _____ circa una volta al mese.
5. È caro l'hotel di Firenze dove ha pernottato tuo fratello? – Eh sì, _____ almeno 200 euro a persona.

2 *Completa le frasi, come nell'esempio.*

1. Un amico presente _mi è sempre vicino quando ne ho bisogno._
2. Un amico fedele _____
3. Un amico saggio _____
4. Un amico sincero _____

3 Completa il testo con le parole della lista.

> inseparabili | comprensivo | riflettere | chiuso | socievole | tesori | paziente | migliori | ci si annoia | aperto | diversi | affidabile | quello che

messaggi

È possibile l'amicizia tra un uomo e una donna?

Ciao a tutti, mi chiamo Bianca e io rispondo sì alla domanda! I miei due _____ amici sono proprio due ragazzi, Cristiano e Filippo. Ci siamo conosciuti al liceo più di 10 anni fa e da allora siamo _____. Cristiano e Filippo sono molto _____ tra loro. Cristiano ama stare con gli altri, è simpaticissimo, _____ e _____, e dice sempre _____ pensa. Spesso agisce senza _____ troppo ed è poco _____ soprattutto con chi arriva in ritardo, perché odia aspettare. Con lui certamente non _____ mai. Filippo invece è timido e un po' _____, non ama parlare di sé, ma è un amico _____, che merita tutta la mia fiducia. Ha un carattere calmo ed è _____: sa ascoltare per ore ogni mio problema, senza mai perdere la pazienza. Cristiano e Filippo sono davvero i miei due _____!

4 Trasforma le frasi, come nell'esempio.

1 "Nonna, non ti preoccupare troppo!"
   <u>Lucia non vuole che sua nonna si preoccupi troppo.</u>

2 "Sandro, non lavorare fino a tardi anche stasera!"
   Cecilia non vuole che _____

3 "Mentre studio non mi disturbate!"
   "Mentre studio non voglio che _____"

5 *Scrivi delle domande utilizzando "ti sembra/ti pare che, non ti sembra/ non ti pare che" e le espressioni della lista, come nell'esempio.*

> favorire i contatti | conversazione faccia a faccia | uso della tecnologia
> avere più amici virtuali che reali | social network | aiutare la comunicazione | essere meglio di una e-mail

Ti sembra che i social network favoriscano i contatti?

6 *Metti le frasi nell'ordine corretto, come nell'esempio.*

[1] ● I miei figli chattano insieme dalle loro camere.

[ ] ● Ma sì, in fondo anche telefonare o scrivere sms come facciamo noi non è tanto diverso...

[4] ◆ Ma dai, non ci credo, ma così si isolano da tutto!

[ ] ◆ Ma va!? Sul serio?! Sono tutti e due a casa e non si parlano...

[ ] ◆ Mah, sarà... Forse hai ragione tu.

[ ] ● Ma sì che si parlano, ma si contattano anche così per non interrompere quello che stanno facendo.

[ ] ◆ Eh beh, ma è un'altra cosa...

[ ] ● No, perché scusa? Fa parte del loro modo di comunicare.

[6] ◆ E tu sei d'accordo?

[ ] ● Ma no, perché?! Sono mezzi per avere contatti con gli altri.

7 Vero o falso? Leggi il testo a pagina 44 di **Chiaro! B1** e segna la risposta corretta.

	vero	falso
1 Daniel Deserti è un giornalista.	☐	☐
2 Daniel Deserti ha creato un sito per i suoi lettori.	☐	☐
3 Daniel Deserti è contento di avere tanti amici e gli scrive spesso.	☐	☐
4 Jenni e Will sono la figlia e il fratello di Daniel.	☐	☐

8 Trasforma le frasi, come nell'esempio.

1 Mentre aspetta l'autobus parla al telefono con i suoi amici.

   <u>Aspettando l'autobus parla al telefono con i suoi amici.</u>

2 Signora, legge spesso il giornale mentre fa colazione?

   _____

3 Togliti gli auricolari almeno mentre mangi!

   _____

4 Giacomo guarda lo schermo del computer, mentre segue la conversazione tra i suoi figli.

   _____

5 Mentre dice alla sua amica tutto quello che pensa, Simona è un po' agitata.

   _____

PROVERBI E MODI DI DIRE

9 *Completa i proverbi.*

1 Chi trova un amico, _____ .
2 Gli amici si contano sulla _____ .

CONOSCI L'ITALIA?

10 *Completa il testo con le preposizioni della lista.*

di (2) | degli | alla | del | a | dei | per (2) | negli | in | su

Circa il 60% _____ italiani ama raccontare le sue attività quotidiane _____ rete. La percentuale crescerà certamente ancora, così come è successo _____ ultimi anni e si abbasserà l'età _____ primo contatto _____ una rete sociale, perché i giovani sentono un bisogno sempre maggiore _____ condividere telematicamente quello che fanno.
Non solo le singole persone ma anche le aziende partecipano _____ vita _____ social network: li usano _____ esempio _____ avere la possibilità _____ accedere _____ un'enorme banca dati virtuale.

ANCORA PIÙ ASCOLTO

11 a *Ascolta più volte e completa i dialoghi con le domande (1) e le risposte (2) mancanti.*

1 ● _____?

   ◆ Sì. Si chiama Mirella e ha 30 anni, come me.

   ● _____?

   ◆ Oh, di preciso non lo so. Ma saranno almeno 20 anni perché ci siamo conosciute da bambine.

   ● _____?

   ◆ Se ben ricordo, a danza. Sì, frequentavamo la stessa scuola.

2 ● Laura, e tu hai un'amica del cuore?

   ◆ _____.

   ● Davvero? E come vi siete conosciuti?

   ◆ _____. _____,

   _____. _____.

   ● Ah. E quanti anni ha Mario?

   ◆ _____ trovatello.

   _____ ... _____ ...

b *Riascolta attentamente il dialogo e ripeti le frasi. Concentrati sull'intonazione.*

Obiettivo benessere

1 *Leggi il testo a pagina 56 di **Chiaro! B1** e segna la/le risposta/e corretta/e.*

1 Il professor Perna nell'articolo dice che
   a per rilassarsi bisogna prendere tanto sole.
   b per rilassarsi basta un giorno alle terme.
   c per rilassarsi bisogna fare bagni caldi e idromassaggi.

2 In Italia
   a le cure termali sono più care di un viaggio in paesi lontani.
   b ci sono molti stabilimenti termali.
   c le località termali hanno un clima particolarmente mite.

3 I massaggi
   a fanno bene alla circolazione.
   b si possono unire a fanghi e bagni.
   c stimolano la produzione di ormoni del benessere.

2 *Come esprimi un desiderio o un dubbio? Completa le frasi in modo appropriato.*

1 Preferisce un massaggio rilassante o terapeutico?

   – _____ Che differenza c'è?

2 Per il Suo problema Le consiglio delle inalazioni.

   – _____ Non le ho mai fatte...

3 Vuole visitare il centro benessere?

   – _____ anche prenotare un trattamento.

4 Che cosa vorrebbe fare per rilassarsi?

   – _____ fare qualche passeggiata o dei massaggi...

3 *Completa il testo con le parti mancanti della lista sotto.*

Una settimana o un fine settimana per se stessi? La società ____ stressanti. Regalatevi allora ____ ed essere di nuovo in equilibrio con voi stessi. Venite ____ del Salento, in Puglia. Le acque di Santa Cesarea rappresentano un patrimonio ____ di vista terapeutico. Già all'inizio ____ di queste acque. Oggi potete trovare un centro per le inalazioni, uno per bagni termali e fanghi e ____ per soddisfare la richiesta di rigenerare il corpo internamente ed esternamente.

1. qualche giorno di benessere, per ritrovare la vostra forma fisica
2. del secolo scorso si conosceva l'efficacia
3. a trovarci alle Terme di Santa Cesarea, nella regione
4. in cui viviamo ci costringe spesso a seguire ritmi molto
5. una sezione dedicata in particolare ai trattamenti estetici,
6. naturale importantissimo perché estremamente attive dal punto

4 Completa il dialogo tra una cliente e un'impiegata di un centro benessere basandoti sui dati contenuti nella lista e nella scheda sotto.

durata | costo | tipo di pagamento possibile
orario dell'appuntamento | oggetti necessari per il trattamento

Estetica Viso

Pulizia del viso (45')	€ 38,00
Maschera di fango termale	€ 15,00
Maschera di fango termale con massaggio (30')	€ 30,00
Trattamento viso personalizzato (40')	€ 42,00
Massaggio rilassante viso e décolleté (30')	€ 35,00

(da *www.hotelparcosmeraldo.com*)

■ Buongiorno, vorrei sapere che tipi di trattamenti estetici per il viso offrite.
▶ _____
■ Ah, bene, vorrei provare _____. Quanto _____
▶ _____
■ _____
▶ _____
■ _____
▶ _____
■ _____
▶ _____
■ Va bene e _____
▶ _____

5 Completa le frasi con i pronomi della lista.

1 Vorremmo fare una vacanza alle terme. Che cosa ne pensate? – Buona idea, _____ _____ consigliamo.
2 Signora, ci sono ancora posti per lo spettacolo di domani? – Sì, _____ prenoto?
3 Mi puoi passare il giornale? – Sì, _____ _____ do subito.
4 Abbiamo ordinato le pizze: _____ _____ portano tra mezz'ora.
5 Prendete due caffè? _____ _____ offro io!
6 Chiara non sa dove ci incontriamo stasera, _____ dici tu?

lo   Glieli
ve   la
te   ce
ve   li
le   glielo

6 Trasforma le frasi, come nell'esempio.

1 Ci potete prestare la bicicletta?
Ce la potete prestare?
2 Per favore, raccontami il segreto!
_____
3 Può dare Lei le ciabatte al signor Serri?
_____
4 Nel pomeriggio Le farò sapere l'orario.
_____
5 Sara vi ha spedito ieri i regali.
_____
6 Non ci hanno ancora presentato le loro colleghe.
_____

7 *Quali parole puoi associare agli sport seguenti?*

1 Sci: _pista,_____
2 Tennis: _pallina,_____
3 Pesca subacquea: _____
4 Nuoto: _____

8 *Completa le frasi con le preposizioni (semplici o articolate).*

1 Facciamo attività fisica _____ tenerci _____ forma.
2 Vado spesso _____ piscina perchè fa bene _____ salute.
3 _____ gioco _____ calcio bisogna portare il pallone fino _____ fondo _____ campo e metterlo _____ rete _____ squadra avversaria.
4 L'arbitro interviene nel gioco _____ ristabilire l'ordine _____ caso _____ problemi _____ giocatori.
5 Paracadutismo? No, non fa proprio _____ me! Non ho mai fatto sport _ questo tipo.

9 *Completa la tabella e scrivi una breve descrizione dello sport indicato.*

Tipo di sport:	pallacanestro
Numero di squadre:	2
Numero di _____ per squadra:	5
Dove _____ :	all'interno, _____ rettangolare
Durata della _____ :	40 minuti
Numero di arbitri:	da 1 a 3 in campo
Cosa si deve fare:	portare la palla in fondo al _____ e metterla nel canestro
Chi _____ :	la squadra con più punti

10 *"Mentre" o "durante"? Completa le espressioni, come nell'esempio.*

1. <u>durante</u>   il pranzo → <u>(lui) mentre pranza/pranzava</u>
2. _____   facevi il bagno → _____
3. _____   frequentavo il corso → _____
4. _____   la visita della città → <u>(voi)</u> _____
5. _____   telefonavamo → _____

PROVERBI E MODI DI DIRE

11 *Completa le frasi con le parti mancanti.*

1. Sto studiando da sei ore, non capisco più niente, ho la testa nel _____.
2. ■ Questo hotel non mi piace per niente! Voglio cambiare!
   ▶ Eh, mia cara, ormai non si può più. Hai voluto _____, adesso _____!

CONOSCI L'ITALIA?

12 *Vero o falso? Segna la risposta corretta.*

	vero	falso
1 Le terme di Fiuggi si trovano nel Lazio.	☐	☐
2 In Campania non ci sono terme.	☐	☐
3 Il calcio storico fiorentino si gioca in costume.	☐	☐
4 La Juventus è una squadra di Torino.	☐	☐

ANCORA PIÙ ASCOLTO

a *Ascolta più volte e ricostruisci le battute mancanti mettendo in ordine le parole.*

▶ Buongiorno.

■ Buongiorno. Mi dica.

▶ informazione.   Senta,   vorrei   io   qualche   sono   oggi   arrivato   e

_____

_____

Che trattamenti offrite?

■ Guardi,   massaggi.   qui   dei   innanzi   da   può   fanghi   fare   tutto   dei   e   noi

_____

_____

L'ideale sarebbe abbinare le due cose: prima i fanghi e poi i massaggi.

▶ Ho capito. E li posso prenotare liberamente?

■ Beh, non proprio.

fare   medica.   Prima   dei   bisogna   una   fanghi   visita

_____

_____

▶ È proprio necessaria? Io sto bene, sono sano.

b *Riascolta attentamente il dialogo e ripeti le battute del cliente. Concentrati sull'intonazione.*

Lavoro e società

1 Unisci le parti di destra e sinistra. Completa le frasi coniugando i verbi della lista.

occuparsi | aiutare | offrire | fornire | avere bisogno

1	Regala un sorriso	a	_____ dei problemi dei bambini.
2	Medici Senza Frontiere	b	_____ assistenza medica in tutto il mondo.
3	I volontari di Telefono Azzurro	c	che _____ i poveri.
4	Cerca un'associazione di volontariato	d	e _____ il tuo dono.
5	La Caritas è un'organizzazione	e	a chi ne _____ .

2 Scrivi una breve descrizione della Protezione Animali utilizzando i verbi e le espressioni delle due liste, come nell'esempio.

~~essere~~ | occuparsi | iscriversi | pagare | diventare | adottare
comprare | aiutare | bastare | fare

~~Protezione Animali~~ | ~~associazione~~ | animali | quota | soci
a distanza | trovatello | biglietti di auguri o prodotti
piccola donazione

La Protezione Animali è un'associazione...
_____
_____
_____

3 *Scrivi il nome di ogni animale e associa ad ognuno la descrizione corretta.*

A _____

B _____

C _____

D _____

1 Ha i "capelli" lunghi.

2 Viaggia con la sua casa sulle spalle.

3 Mangia semi.

4 È un animale con cui si può fare sport.

5 Assomiglia un po' a un topo.

6 Vive molti anni.

7 Vive in un gruppo.

8 In Italia è un simbolo della Pasqua.

4 *Completa le frasi con le parole relative all'ambito del lavoro affrontate nella Lezione 6 di **Chiaro! B1**.*

1. Un _impiegato_ di banca ha uno s_____ adeguato ed è a c_____ con il pubblico.
2. Un commerciante in genere lavora in p_____ e ha un o_____ di lavoro molto lungo.
3. La p_____ dell'architetto richiede c_____ di lavorare in gruppo e flessibilità.
4. Per un artigiano è importante avere r_____ fisica e a_____ manuale.

5 *Scrivi le domande appropriate alle risposte.*

1. _____

No, non ho il classico orario d'ufficio, qualche giorno comincio alle 9, qualche giorno alle 11 e non finisco mai alla stessa ora.

2. _____

Beh, nel mio lavoro ci vogliono sicuramente determinazione e dinamismo.

3. _____

Soprattutto il contatto con il pubblico.

4. _____

Sì, abbastanza, anche se vorrei avere uno stipendio più alto.

5. _____

Mah, direi buoni... in generale vado d'accordo con i miei colleghi.

6 Scrivi i desideri dell'insegnante e dello studente, come nell'esempio.

Insegnante

1. studenti più attenti — *Spero che gli studenti siano più attenti.*
2. lavorare di meno
3. colleghi più dinamici
4. spazio ad attività creative

Studente

1. meno compiti — *Spero di avere meno compiti.*
2. insegnanti flessibili
3. più gite e feste a scuola
4. orario meno pesante

7 Rileggi il testo a pagina 72 di **Chiaro! B1** e <u>sottolinea</u> gli errori nel riassunto sotto.

> Alcune aziende in Italia concedono ai dipendenti più soldi in busta paga per contribuire a sostenere spese come l'asilo nido, altre pagano i costi di un'assicurazione in caso di malattia grave. Qualche datore di lavoro permette a un familiare del dipendente di lavorare al posto suo se lui è malato. Si possono anche accumulare straordinari e ore di permesso da usare in caso di paternità o maternità. Questo tipo di welfare aziendale è ormai diffuso in tutti i tipi di aziende, grandi e piccole.

8 Scrivi il significato di ogni parola, come nell'esempio.

1 Gli straordinari _sono ore di lavoro fatte oltre l'orario normale._
2 I contributi _____
3 Il contratto _____
4 L'assicurazione _____

9 Scrivi le frasi, come nell'esempio.

1 contratto   scadere   io   perdere   lavoro
Il contratto sta per scadere e io sto per perdere il lavoro.
2 lavoratori   usufruire   ore accumulate
_____
3 datore di lavoro   concedere   più servizi   dipendenti
_____
4 entrare in vigore   nuova legge   traffico
_____
5 ferie   finire   noi   rientrare   città
_____

10 *Leggi l'annuncio e scegli il profilo più adatto.*

> **Prestigiosa azienda in provincia di Verona cerca giovani da inserire in un progetto.**
> *Si richiedono:*
> - Laurea
> - ottima conoscenza della lingua inglese
> - capacità di lavorare in gruppo
> - energia e dinamismo
> - eventuale esperienza di lavoro
>
> *Sede di lavoro:* provincia di Verona

---

1. Laureato con lunga esperienza di lavoro e circa 5 anni di attività nel ruolo di manager in piccola impresa. Conoscenza della lingua inglese (soggiorno di 6 mesi a Londra). Qualità dirigenziali e flessibilità.

2. Giovane diplomata, iscritta al primo anno di Lingue Straniere (inglese e russo), cerca lavoro presso ditta con possibilità di contatti con l'estero.

3. Laureato in Informatica con breve esperienza di lavoro, determinato, dinamico, cerca lavoro, possibilmente area centro-sud Italia. Conoscenza inglese scolastico.

4. Laureata in Economia, esperienza di lavoro di un anno a Dublino presso azienda americana, doti comunicative, interessata al contatto con il pubblico e a lavorare in gruppo.

PROVERBI E MODI DI DIRE

11 **a** *Quali parole puoi associare a questi animali?*

1 _____ come _____
2 _____ come _____
3 _____ come _____

b *Scrivi altre espressioni legate agli animali, come nell'esempio.*

Sano come un pesce, ...

CONOSCI L'ITALIA?

12 *Vero o falso? Scegli la risposta corretta.*

	vero	falso
1 In Italia ci sono milioni di volontari.	☐	☐
2 L'Enpa è un'organizzazione che aiuta i malati.	☐	☐
3 In Italia non si può devolvere l'eredità in favore degli animali.	☐	☐
4 In Italia in alcune grandi imprese si possono mettere da parte ore per dare esami all'università.	☐	☐

ANCORA PIÙ ASCOLTO

13 a *Ascolta più volte e completa il dialogo con le parti mancanti.*

- Sabrina, _____, giusto?
- Sì, esatto. Sono impiegata in un'azienda.
- _____.
- Sì, il classico orario d'ufficio.
- E ti trovi bene? Sei soddisfatta?
- Mah, da un lato sì _____
  – io ho un figlio – e _____.
  E anche _____.
- Però...?
- _____, un po' troppo legato alle pratiche, al computer... _____
  _____.
- Per esempio? Hai delle idee precise? Dei progetti?
- _____ e aprire un negozio collegato a un'attività creativa, il bricolage per esempio. O qualcosa di simile.

b *Riascolta il dialogo e ripeti le battute di Sabrina. Concentrati sull'intonazione.*

Fai la tua parte

1 Rileggi i testi a pagina 78 e a pagina 79 di **Chiaro! B1** e scegli la risposta corretta.

	vero	falso
1 Il Fondo Ambiente Italiano esiste da più di 30 anni.	☐	☐
2 Solo istituzioni e aziende possono sostenere il FAI.	☐	☐
3 Con una quota di 15 euro al mese si può adottare un albero.	☐	☐
4 Se si pagano 200 euro si può incidere il proprio nome completo su una pietra di un palazzo.	☐	☐

2 Scrivi le frasi coniugando i verbi al presente o al futuro, come nell'esempio.

1 voi   andare   festa   conoscere   persone nuove
   Se andrete alla festa conoscerete delle persone nuove.

2 traffico bloccato   Lei   potere   uscire   prossimo casello autostradale

_____

3 lui   iniziare   lavorare   nuova azienda   avere orario di lavoro   meno pesante

_____

4 tu   preferire   viaggiare   aereo   dovere   prenotare volo   molto anticipo

_____

5 noi   volere   rigenerarsi   potere   trascorrere   giorno terme

_____

3 Cosa è permesso e cosa è vietato nelle aree protette? Scrivi delle frasi utilizzando i verbi della lista, come nell'esempio.

abbanconare | ~~raccogliere~~ | disturbare | accendere
fotografare | camminare | usare | portare | osservare

In un'area protetta:

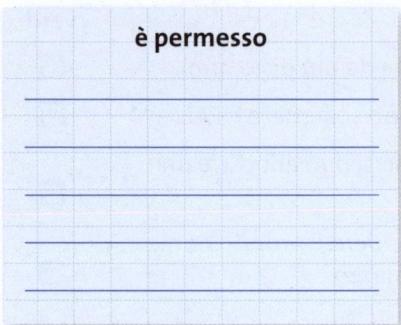

è permesso

è vietato

raccogliere fiori

...e che cos'altro è vietato?

4 *Due amici parlano della nuova casa che uno di loro ha appena costruito. Completa il dialogo con le informazioni contenute nella tabella sotto.*

~~tipo~~ | materiali | caratteristiche | posizione | costruzione

Tipo	: monofamiliare, 120 metri quadrati, due piani
_____	: campagna, collina
_____	: bioedilizia
_____	: legno e mattoni
_____	: tripli vetri, pannelli solari

◇ ... e che cosa mi racconti della casa nuova? Ci abitate già?

■ Sì, ci abitiamo da circa un mese.

◇ È una casa singola?

■ Sì, è una casa monofamiliare _____

_____

◇ _____

■ _____

◇ ...ed è "ecologica" se non sbaglio...

■ _____

◇ _____

■ _____

◇ _____

■ _____

◇ Allora consumerà poca energia...

5 Scrivi delle frasi, come nell'esempio.

1. arieggiare bene: È necessario / Bisogna arieggiare bene.
   (loro) È necessario / Bisogna che arieggino bene.
2. non riscaldare molto: Non
   (io) Non
3. mettere i pannelli solari: _____
   (noi) _____
4. avere un buon isolamento: _____
   (la casa) _____
5. risparmiare energia: _____
   (voi) _____
6. rivolgersi alle persone giuste: _____
   (tu) _____

6 Leggi l'email di Stefano e scrivi delle frasi in riferimento alle parti sottolineate. Utilizza la forma "ha paura...", come nell'esempio.

---

messaggi

Ciao Michele,
scusa se non ti scrivo da un po' di tempo, ma sto cercando un appartamento e ho molto da fare. Ieri ne ho visto uno che mi piacerebbe e ha anche un affitto conveniente, purtroppo però ci sono un paio di cose che mi preoccupano e non so che cosa fare. La posizione è comoda e centralissima: <u>non è facile trovare un parcheggio per la macchina,</u> ma si può viaggiare con i mezzi pubblici o andare a piedi. <u>La strada</u> in cui si trova, però, <u>è abbastanza rumorosa</u> e l'appartamento non ha i doppi vetri. Inoltre <u>l'edificio non ha un buon isolamento</u>, perché è del 1950: probabilmente <u>consuma molta energia</u>. <u>Non vorrei decidere troppo in fretta</u> e <u>prendere una decisione sbagliata</u>, ma <u>forse non ne trovo uno migliore per lo stesso prezzo</u>.
Tu che cosa ne pensi?
Stefano

<u>Stefano ha paura che non sia facile trovare un parcheggio per la macchina.</u>

7 *Completa l'email di risposta di Michele coniugando i verbi tra parentesi alla forma passiva, come nell'esempio.*

○ ○ ○ messaggi

Caro Stefano,

non so bene che cosa consigliarti. Prima dovresti avere qualche informazione in più. L'appartamento _è_ mai _stato_ _ristrutturato_ (*ristrutturare*)? _____ già _____ _____ (*cambiare*) le finestre? Tra quanti appartamenti _____ _____ (*dividere*) la spesa del riscaldamento? _____ _____ _____ (*fare*) dei controlli dei consumi?

Ricorda che tutti i soldi che _____ _____ (*risparmiare*), sono soldi che _____ _____ (*guadagnare*)!

Il mio consiglio perciò è: pensaci bene e informati meglio!

Se non _____ ancora _____ _____ (*ricontattare*) dall'agenzia immobiliare, telefona tu e chiedi informazioni.

Un abbraccio,

Michele

8 Completa il testo coniugando i verbi della lista alla forma passiva con "venire", come nell'esempio.

progettare | chiudere | vendere | mettere
sviluppare | ~~usare~~ | costruire | fare

Una volta	Oggi	In futuro
Tutti i rifiuti _____ _____ in un unico cassonetto.	_____ _____ la raccolta differenziata.	?
	<u>Vengono usate</u> ancora lampadine di vario tipo.	_____ _____ solo lampadine a basso consumo.
	_____ _____ le strade in città a causa dell'inquinamento.	_____ _____ la rete dei mezzi pubblici.
_____ _____ edifici ad uso abitazione anche vicino alle zone industriali.		Non _____ _____ un quartiere in zone a rischio di inquinamento.

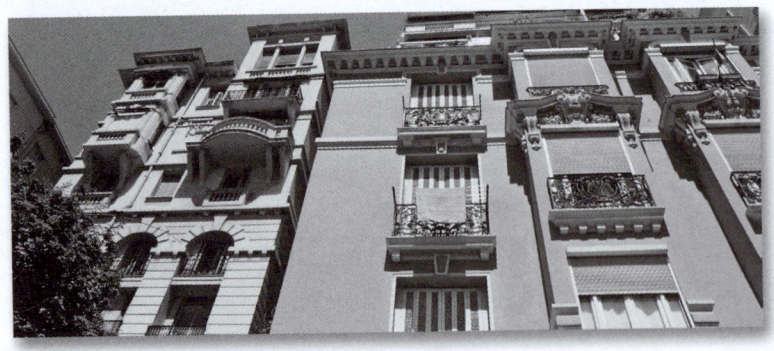

PROVERBI E MODI DI DIRE

9 *Completa le frasi con i modi di dire.*

1 Maura è una donna speciale, dona sempre aiuto a chi ne ha bisogno, ha davvero un _____ _____ _____ _____ casa.
2 Ogni settimana viaggio per lavoro: ormai _____ _____ casa alla stazione.
3 Entra, prego! Fai _____ _____ casa tua!

CONOSCI L'ITALIA?

10 *Segna la risposta corretta.*

1 Il FAI si occupa
   a di salvare il patrimonio artistico europeo.
   b di salvare il patrimonio artistico italiano.
   c di salvare il patrimonio artistico e naturalistico italiano.

2 In alcune città italiane sono entrate in vigore nuove norme ambientali
   a per la raccolta dei rifiuti.
   b per il traffico con uso di cancelli elettronici.
   c per il potenziamento dei mezzi pubblici.

3 L'Area Marina Protetta di Miramare si trova
   a in Campania.
   b in Friuli.
   c in Abruzzo.

ANCORA PIÙ ASCOLTO

11 a *Ascolta più volte e completa il dialogo con le parti mancanti.*

◇ Ciao.

■ Permesso.

● Ciao. Entrate pure. _____.

■ Passiva?

● Sì, si chiama così. _____.

◇ È tutta in legno o mi sbaglio?

● Sì, hai ragione: è tutta in legno.

■ _____?

● No, perché è trattata con vernici speciali _____

_____. Consuma _____ perché

_____.

■ Per esempio?

● Per esempio _____.

■ Addirittura... _____?

● Né _____ e né _____. In cantina c'è

una pompa geotermica, _____

_____. Lo "pesca" fino a 120 metri di profondità.

◇ _____, allora, in questa casa!

b *Riascolta il dialogo e ripeti tutte le battute. Concentrati sull'intonazione.*

Sulla carta e sullo schermo

1 *Quale genere di film consiglieresti a queste persone?*

Luca: Per me esistono solo film con avventure fantastiche, effetti speciali e tanta tecnologia: è il modo migliore per dimenticare la stanchezza dopo un giorno di lavoro.

Francesco: Se non c'è un delitto e un colpevole il film non mi interessa, lo trovo noioso e mi addormento... anche al cinema!

Paola: A me piacciono i film vecchi, quelli di più di 50 anni fa, con storie d'amore tragiche. Il mio preferito è "Casablanca".

Giuliana: Io amo le sensazioni forti, voglio provare paura. Guardare un film è un'esperienza e si deve vivere a fondo.

Laura e Sergio: Noi vogliamo ridere e divertirci, quindi niente film storici, tragici o con trame complesse, solo storie leggere.

2

a *Descrivi le professioni illustrate.*

1 _____
  _____
  _____

2 _____
  _____
  _____

b *Scrivi la forma femminile delle professioni seguenti.*

lo sceneggiatore → la _____   l'attore → l'_____
il protagonista → la _____   il regista → la _____

3

Completa le frasi con i verbi della lista, come nell'esempio.

> ~~incontrare~~ | conoscere | informarsi | sentire
> comprare | andare a vedere

Mentre eravamo al Salone Internazionale del Libro a Torino...

abbiamo incontrato dei nostri colleghi.

4 Due amici parlano al telefono per prendere accordi per andare al cinema. Leggi gli appunti e completa la conversazione.

> Sabato 26 gennaio ore 21.00,
> Cinema Multimax, «La migliore offerta»
> di Giuseppe Tornatore: telefonare
> a Sabrina e Simone!

◆ Pronto?
● Pronto, _____ con Sabrina?
◆ Eh... sì, ma... _____, scusi?
● _____, sono Gianni, un suo amico.
◆ _____ momento, _____ subito.
● _____
■ _____
● _____
■ _____
● _____
■ _____
● _____
■ Sì, va bene. Ci troviamo davanti _____
_____
● _____
■ _____
● _____

5 *Scrivi il significato delle parole, come nell'esempio.*

1 Un romanzo rosa _è un libro che parla di una storia d'amore._
2 Un libro di cucina _____
   _____
3 Un libro di fumetti _____
   _____
4 Un saggio _____
   _____
5 Una recensione _____
   _____

6 *Completa le frasi con i connettivi della lista, come nell'esempio.*

mentre | quindi | anzi | cioè | anche se | ~~ma anche~~

1 Le cure termali non riducono solo la tensione muscolare, _ma anche_ lo stress.
2 Un amico non dovrebbe mai essere uguale a me in tutto, _____ se ci sono differenze è meglio.
3 Nel calcio storico fiorentino chi porta il pallone in fondo al campo fa una "caccia", _____ segna un goal.
4 Da mio nonno ho ereditato la passione per la pittura, _____ dipingo solo per hobby.
5 Il corso non ha raggiunto il numero minimo di iscritti, _____ non avrà luogo.
6 Non sono mai stato nella zona montuosa dell'Abruzzo, _____ conosco bene la costa.

7 *Descrivi il disegno.*

8 *Leggi il testo a pagina 99 di **Chiaro! B1** e segna la risposta corretta.*

1 La protagonista ha visto per la prima volta l'uomo del racconto
   a qualche mese fa.
   b nella primavera dell'anno scorso.
   c molto tempo fa.

2 La protagonista lavora
   a in un ufficio e porta una divisa.
   b in uno studio.
   c a casa, con orari precisi.

3 L'uomo
   a lavora in un bar.
   b va spesso al bar per prendere un caffè.
   c va dentro al bar per fumare.

9 *Scrivi le frasi, come nell'esempio.*

1 (io)   finire   romanzo   iniziare   un mese fa

   Ho finito il romanzo che avevo iniziato un mese fa.
   Ho finito il romanzo: l'avevo iniziato un mese fa.

2 ieri   arrivare   libro   (noi)   ordinare   settimana scorsa

   _____
   _____

3 stamattina   (lei)   trovare   chiavi   perdere   due giorni fa

   _____
   _____

4 (loro)   fare   abbonamento   rivista   acquistare   fiera

   _____
   _____

5 (lui)   ordinare   dvd dei film   vedere   sito Internet

   _____
   _____

PROVERBI E MODI DI DIRE

10 *Completa le frasi con gli aggettivi appropriati.*

1 Edoardo si informa moltissimo, sa sempre tutto e parla come un libro _____.

2 Sandra non sa proprio tenere un segreto, è come un libro _____.

3 La protagonista del film non va d'accordo con i colleghi: ormai è sul libro _____ di tutti.

CONOSCI L'ITALIA?

11 *Vero o falso? Segna la risposta corretta.*

	vero	falso
1 Alberto Sordi è un regista italiano.	☐	☐
2 A Venezia a dicembre si svolge il Festival del Cinema.	☐	☐
3 Il premio del Festival del Cinema di Venezia è l'Orso d'oro.	☐	☐
4 Il Salone Internazionale del Libro ha luogo a Torino.	☐	☐

ANCORA PIÙ ASCOLTO

a *Ascolta più volte e ricostruisci le battute mancanti mettendo in ordine le parole della lista.*

● Senti,   facevo   mentre   Paola...   la spesa   ho incontrato   stamattina   piuttosto,

_____

_____

◆ Ah! È un po' che non la vedo...

● una di queste sere.   e mi ha chiesto   in piazza,   andiamo   con lei   Eh...   al cinema   se

_____

_____

◆ Cinema in piazza?

● c'è   Sì,   ricordi?   il cinema all'aperto.   Non ti

_____

◆ Ah, già! È vero! Devo avere anche il programma, da qualche parte... Che cosa danno?

● ma io   ancora visto.   per esempio   non è   che   nuovissimo   non l'ho   Mah,   "La solitudine dei numeri primi",

_____

_____

◆ Nemmeno io, però non so...

    mi delude.   Quando   un film   da un libro   spesso è tratto

_____

b *Riascolta attentamente il dialogo e ripeti le battute della seconda donna. Concentrati sull'intonazione.*

Piccolo grande schermo

1 *Ripensa a ciò che hai imparato sulla televisione italiana nella Lezione 9 e scrivi le domande appropriate, come nell'esempio.*

1 <u>Quando sono cominciate le</u> trasmissioni <u>della Rai?</u>
– Nel 1954.
2 _____ pubblicità?
– Nel 1957.
3 _____ colori?
– Nel 1977.
4 _____ private?
– Negli anni Settanta del XX secolo.

2 *Inserisci le date della lista, come nell'esempio.*

~~1861~~ | 1506 | 1946 | 1492 | 826

1 L'Unità d'Italia: <u>1861 = 19° / diciannovesimo / XIX secolo</u>
2 La scoperta dell'America: _____
3 La proclamazione della Repubblica Italiana:

4 La costruzione di Piazza San Marco a Venezia:

5 L'inizio della progettazione della Basilica di San Pietro a Roma:

3 *Descrivi i programmi televisivi, come nell'esempio.*

1 Il varietà <u>è uno spettacolo con canzoni, musiche, balletti...</u>
2 La serie
3 Il documentario
4 La telecronaca
5 Il reality show

4 *Che cos'è la televisione? Completa lo schema in modo appropriato.*

televisione

mezzo di informazione

5 *Rileggi il testo a pagina 108 di **Chiaro! B1** e segna la risposta corretta.*

1 A Rino Zena la televisione
   a non era mai piaciuta.
   b era sempre piaciuta molto.
   c era piaciuta molto da bambino.

2 Quando Rino era un bambino
   a c'erano pochi canali privati.
   b c'erano solo due canali privati.
   c c'erano solo canali Rai.

3 Rino guardava la televisione
   a tutta la notte.
   b tutto il giorno.
   c giorno e notte.

6 *Completa le risposte con i verbi della lista, come nell'esempio.*

| finire | ~~provare~~ | divertirsi | fare | prendere | andare |

1 Come hai imparato ad andare in bicicletta?

   Ho imparato provando da solo.

2 Come hanno iniziato la serata?

   L'hanno _____ _____ un aperitivo con i colleghi.

3 Come avete trascorso i pomeriggi in vacanza?

   Li abbiamo _____ _____ sport.

4 Come hai passato il tempo in treno?

   L'ho _____ _____ di scrivere la presentazione.

5 Come ha festeggiato la sua laurea?

   L' ha _____ _____ a ballare

   e _____ con i suoi amici.

7 *Completa lo schema con le forme mancanti del congiuntivo.*

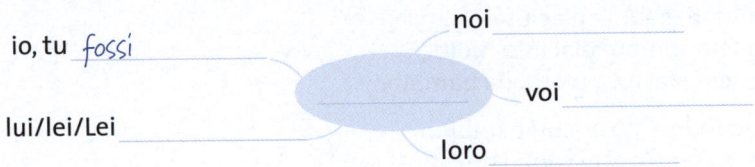

io, tu _fossi_
lui/lei/Lei _____
noi _____
voi _____
loro _____

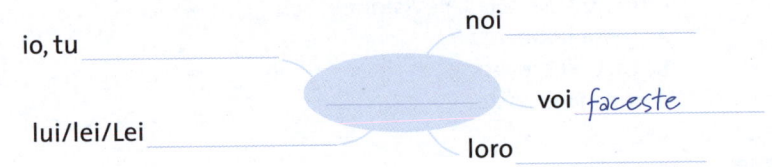

io, tu _____
lui/lei/Lei _____
noi _____
voi _faceste_
loro _____

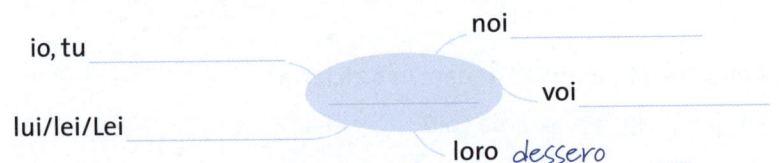

io, tu _____
lui/lei/Lei _____
noi _____
voi _____
loro _dessero_

io, tu _____
lui/lei/Lei _stesse_
noi _____
voi _____
loro _____

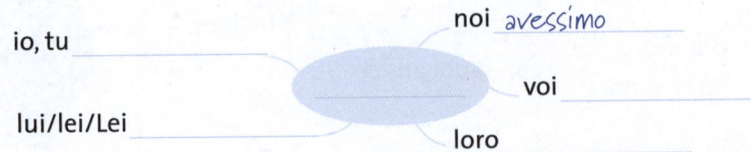

io, tu _____
lui/lei/Lei _____
noi _avessimo_
voi _____
loro _____

8 *Completa la frasi ipotetiche, come nell'esempio.*

1 "Faccio il presentatore e lavoro in televisione da più di 10 anni. Conduco telequiz.
Se non _facessi_ il presentatore, mi (*piacere*) _piacerebbe_ fare il comico.
Se non _____ in televisione, (*volere*) _____ fare del teatro.
Se non _____ telequiz, (*presentare*) _____ volentieri talk show."

2 Questa sera Isabella rimane a casa e guarda il Festival di Sanremo. I suoi amici le dicono:

"Isabella, se non _____ a casa, (*potere*) _____ venire con noi al cinema."

"Se non _____ il Festival, i tuoi figli (*essere*) _____ certamente più contenti!"

3 A casa Ferri la televisione è sempre accesa e i ragazzi la guardano tutto il giorno. La madre gli dice:
"Se la televisione non _____ sempre accesa, (*voi, avere*) _____ più tempo per leggere."

9 Leggi le informazioni dello schema e descrivi gli interessi e le abitudini dei telespettatori, come nell'esempio.

	Enrico, 45 anni	Rosa, 73 anni	Luca, 18 anni
Quando guardi la tv?	sera	pomeriggio, sera	sera, notte
Quanto?	1-2 volte/settimana	ogni giorno	spesso, ma solo via computer
Perché?	divertimento	intrattenimento	rilassarsi e istruirsi
Dove?	da amici, bar	casa	dappertutto
Programmi preferiti?	sport, politica	pomeriggio: serie, telefilm; sera: telegiornale, varietà, fiction	serie, documentari storia

Enrico ha 45 anni e guarda la tv solo la sera,...

Rosa

Luca

PROVERBI E MODI DI DIRE

10 *Che cosa significano le espressioni **evidenziate**? Completa il testo con i significati della lista.*

> di cattivo umore | di delitti | dormi per niente | molto arrabbiato
> ottimista | hai più soldi | storie d'amore

I colori sono spesso presenti nei proverbi e nei modi di dire italiani. Vediamo alcuni esempi. Se qualcuno dice che **vede rosso** è _____, ma se **vede rosa** è _____. C'è **la cronaca rosa** che parla di _____ di personaggi famosi e quella **nera**, che tratta _____ e di criminalità. Se **sei nero** sei davvero _____! Quando **passi una notte in bianco** non _____ e se **sei al verde** non _____.

CONOSCI L'ITALIA?

11 *Vero o falso? Segna la risposta corretta.*

	vero	falso
1 Il terzo canale Rai offre anche programmi regionali.	☐	☐
2 La pubblicità si trova solo sulle reti private.	☐	☐
3 Carosello era un telequiz.	☐	☐
4 Il digitale terrestre è stato introdotto in Italia dopo il 2002.	☐	☐

ANCORA PIÙ ASCOLTO

12 a *Ascolta più volte e completa il dialogo con le parti mancanti.*

◆ Che cosa _____?

■ Ah, io mi guardo Sanremo.

◆ Il Festival? Ancora? Ma non è finito?

■ _____! Stiamo appena entrando nella fase calda!

◆ _____? È ogni anno la stessa cosa!

● _____ che Emilia lo ama così tanto…

■ Mmm, spiritoso… Ma perché _____?
Che fate di straordinario?

● Boh, io sono stanchissimo. Mi sa che _____

◆ Ecco, un film sì. _____
_____.
Però, mi sa che non c'è molta scelta. Tu cosa guardi?

● Boh, non lo so, _____. Però, vedi,
_____ e tutte queste cose qua. Ma
_____ del genere, _____,
come me.

b *Riascolta il dialogo e ripeti tutte le battute. Concentrati sull'intonazione.*

Parla chiaro!

1 *Ascolta più volte l'intervista e sottolinea nel testo le informazioni errate.*

> L'istituto di cui si parla nell'intervista si è occupato del tema "Come è nata la lingua italiana unitaria". La lingua italiana esisteva già prima dell'unificazione dello Stato italiano. Già nel quindicesimo secolo si parlava una lingua unitaria in politica, poi l'uso è passato anche alla letteratura.
> Le grammatiche sono state fatte partendo dal modello del toscano di Dante del tredicesimo secolo.

2 *Rileggi il testo a pagina 117 di* **Chiaro! B1** *e completa le frasi.*

1 Nel 1889 la regina Margherita _____
_____

2 In quell'anno Raffaele Esposito _____
_____

3 La pizza margherita non è conosciuta solo _____
_____, ma anche _____

4 La pizza è _____
e i suoi ingredienti fondamentali sono _____
_____

5 Per i napoletani la vera pizza _____
_____
_____

3 *Scrivi le frasi e trasformale utilizzando l'imperativo, come nell'esempio.*

1 autostrada   mantenere   distanza di sicurezza

   In autostrada va mantenuta la distanza di sicurezza.

   (tu) Mantienila!

2 contratto   affitto   appartamento   firmare   subito

   _____

   (Lei) _____ subito!

3 carichi esterni   fissare   macchina   molta attenzione

   _____

   (tu) _____ bene!

4 basilico   aggiungere   pizza   ultimo momento

   _____

   (voi) _____ alla fine!

5 evitare   insolazioni   mettere   crema da sole   alta protezione

   _____

   (tu) Non _____ a bassa protezione!

6 gocce   prendere   3 volte   giorno   prima   pasti

   _____

   (Lei) Non _____ dopo i pasti!

4 "Essere" o "avere"? Completa i testi coniugando i verbi tra parentesi al passato prossimo.

Tradizioni natalizie in regioni diverse

1 **MarioEUR:** Io sono originario del Lazio, ma da quando sono sposato con mia moglie, che è emiliana, *(dovere)* _____ _____ cambiare in parte le mie tradizioni. Per esempio mi *(dovere)* _____ _____ abituare a mangiare i tortelli di Natale, che sono dolci ripieni di crema o marmellata, invece del nostro Pangiallo, con frutta secca e cioccolato; ma in fondo non è stato troppo difficile, i tortelli sono buonissimi!

2 **Lalla:** Io sono lombarda e per me l'atmosfera natalizia è sempre iniziata il 7 dicembre con la fiera degli Oh bej! Oh bej!, un mercatino che si tiene in occasione della festività del patrono della città. Da ragazza *(volere)* _____ sempre _____ comprare i regali di Natale alle bancarelle, perché era più divertente. Quest'anno purtroppo non *(potere)* _____ _____ andare al mercatino, ma spero di recuperare l'anno prossimo.

3 **Saro60:** Sono nato e cresciuto in Calabria ma mi *(dovere)* _____ _____ trasferire per lavoro in Friuli, dove le tradizioni sono molto diverse, per esempio oltre al Natale si festeggia anche il 6 dicembre, San Niccolò. Così la mia famiglia e io *(potere)* _____ _____ scegliere quali usi ci piacevano di più e creare un Natale personalizzato.

5 *Completa le frasi con le parole della lista, come nell'esempio.*

> alla posta | eredità | il servizio | residenza | in banca | alla società
> accettare | in questura | uffici del Comune | ~~prendere in prestito~~

1. Per _prendere in prestito_ i libri si va in biblioteca.
2. Per chiedere il permesso di soggiorno bisogna recarsi _____.
3. Se si vogliono fare reclami per una bolletta sbagliata, ci si deve rivolgere _____ che fornisce _____.
4. Nello studio di un notaio potete _____ un' _____.
5. È possibile pagare le bollette _____ o _____.
6. Abitate in una nuova città? Per cambiare _____ rivolgetevi agli _____.

6 *Inserisci la forma corretta del passato remoto, come nell'esempio.*

1. tu vendesti — voi _vendeste_
2. io controllai — noi _____
3. loro eseguirono — lei _____
4. voi vedeste — tu _____
5. noi chiedemmo — io _____
6. Lei vendé — loro _____

7 Completa lo schema con i pronomi personali e la forma corretta del passato remoto, come nell'esempio.

~~ebbi~~ | venne | fosti | dissi | ebbero | fece | fummo | facemmo
diceste | vennero | avemmo | venisti | fui | dicemmo | fecero

io ebbi

avere _____

_____

_____

essere _____

_____

_____

fare _____

_____

_____

dire _____

_____

_____

venire _____

_____

8 *Abbina gli elementi delle due liste e scopri cosa è successo a Isabella dieci anni fa.*

> arredò | entrò in contatto | aprì | cambiò | andò | trovò | uscì | cercò di conoscere | fece | pagò

> bollette | gente nuova | lavoro | appartamento | conto corrente | vicini | residenza | uffici del Comune | giri per scoprire la città | colleghi

Isabella 10 anni fa ricevette in eredità da sua nonna un appartamento nel centro di Firenze e decise di trasferirsi lì.

Per prima cosa _____ - _____

_____
_____
_____
_____
_____

_____
_____
_____
_____

Naturalmente dovette anche avviare e sbrigare molte pratiche, per esempio _____

_____
_____
_____
_____
_____

PROVERBI E MODI DI DIRE

9 *Completa le frasi con le parole mancanti.*

1 Mi sono addormentato guardando la televisione. Questo film è una _____.

2 Se non sai a chi chiedere aiuto, chiama Salvo, lui è sempre disponibile: è una _____ d'uomo.

3 Daniele ha litigato con un collega? Ma non ci posso credere, è un _____ di pane!

CONOSCI L'ITALIA?

10 *Vero o falso? Segna la risposta corretta.*

	vero	falso
1 Petrarca, famoso poeta italiano, è vissuto nel Cinquecento a Roma.	☐	☐
2 In Italia le minoranze linguistiche sono tutelate dalla Costituzione.	☐	☐
3 In Italia in alcune regioni si parlano anche l'occitano, il catalano e il serbo croato.	☐	☐
4 In Valle d'Aosta c'è una minoranza ladina.	☐	☐

ANCORA PIÙ ASCOLTO

11 a *Ascolta più volte il dialogo e descrivi la situazione.*

_____
_____
_____
_____
_____
_____
_____
_____
_____
_____
_____
_____
_____
_____
_____

b *Riascolta il dialogo e ripeti le battute del cliente. Concentrati sull'intonazione.*

Soluzioni

Lezione 1

1. **1** a, per il; **2** di, a; **3** per il; **4** in, per la

2. **2 c** allargali; **3 b** riparala; **4 a** sostituiscile; **5 d** accorcialo

3. **1** a maglia; **2** le pareti; **3** giardinaggio

4. **Muoviti con la musica:** 3, 5, 4 (anche: 3, 4, 5); **Come diventare un esperto di funghi:** 6, 1, 2

5. **Soluzione possibile:**
   Signor Belli: *Buongiorno. Vorrei delle informazioni sul corso di restauro.* Mi può dire quando inizia e quanto dura?
   Segretaria: Sì, volentieri. Il corso inizia martedì 23 aprile e ci saranno 8 incontri.
   Signor Belli: E l'orario qual è?
   Segretaria: Comincia alle 18.00 e finisce alle 20.00.
   Signor Belli: Il gruppo è molto grande?/Quanto è grande il gruppo?
   Segretaria: I partecipanti sono al massimo 10.
   Signor Belli: Ah, senta, e quanto costa?
   Segretaria: Costa 210 euro.
   Signor Belli: Tutto compreso?
   Segretaria: No, solo il corso, poi si deve pagare il materiale a parte.
   Signor Belli: Va bene, allora vorrei iscrivermi.

6. **1** che; **2** in cui; **3** con cui; **4** che, per cui; **5** da cui

7. **2** La scuola in cui si svolgono le lezioni di recitazione è in via Roma. **3** Questo è il maestro con cui/da cui ho imparato a cantare. **4** Mara studia lo spagnolo dall'anno in cui è andata in pensione. **5** La biologia è una materia che piace molto a Valentina.

8. **1** vince; **2** arte, parte

9. **1** a; **2** b; **3** b

10. ● Oh, buongiorno signora Guglielmi! Anche Lei qui...
    ◆ Buongiorno! Eh sì, **sono venuta a iscrivermi**, come ogni anno.
    ● Ah, quindi è da molto che frequenta questi corsi...
    ◆ Sì sì, **da tanti anni ormai**.
    ● Ah. **E che corsi frequenta**, se posso chiedere... Sa, perché per me invece è la prima volta e non **ho ancora deciso** definitivamente.

- Be', quest'anno voglio frequentare un corso **di restauro del legno**.
- Ah, bello! Però bisogna avere **un po' di abilità manuale**...
- E be'... sì, ma io sono abbastanza **brava a lavorare** con le mani. E poi a casa ho alcuni mobili vecchi e... mi piacerebbe restaurarli da sola.
- Bella idea!
- Eh, vedremo se ci riesco...
- Eh, ma almeno **Lei è portata**, io invece **non riesco a fare** questi lavori manuali, non ho proprio pazienza.

Lezione 2

1 **Soluzione possibile:**
volo: ritardo, cancellazione, overbooking; **bagaglio:** smarrimento, danneggiamento, consegna ritardata

2 **Soluzione possibile: 1** Eh, mi dispiace proprio, però non la trovo, non risulta... **2** Eh, capisco, abbia pazienza... **3** Lei ha ragione, ma per ora posso solo avviare la pratica per lo smarrimento del bagaglio. **4** Sì, sì, non si preoccupi, Le assicuro che ho scritto tutti i dati.

3 **Soluzione possibile: 1** *Si parte da una zona pianeggiante e si passa per la campagna.* **2** Poi si attraversano una valle e un bosco. **3** Si percorre una strada in salita. **4** Infine si giunge a una zona collinare con posizione panoramica.

4 **1** in/con il, a, in, a, con lo; **2** in/con la, Di, sul, su/sulle, in/con la, in

5 **1** irraggiungibile; **2** immangiabile; **3** imperdibile; **4** riparabile; **5** visitabile

6 **Soluzione possibile:** *Ci si sveglia verso le 7*, ci si alza e ci si lava. Poi ci si trucca o ci si fa la barba. Alle 7.30 si fa colazione. Alle 8.30 circa si va a lavorare. Alle 13 ci si incontra per pranzo con i colleghi. Si finisce di lavorare verso le 18:00 e dopo il lavoro ci si rilassa un po' o ci si vede con gli amici. Si cena e si va a dormire non troppo tardi.

7 **1** c; **2** b; **3** c

8 **1** mosso; **2** promettere; **3** mandato

9 **1** falso; **2** falso; **3** falso; **4** vero

10 ▷ Buongiorno. Mi dica.
■ **Senta, il mio bagaglio non è arrivato**. In parte.
▷ Sì. In parte, dice?
■ Sì. **Sono partito con questa borsa e una bicicletta, imballata** ovviamente. La borsa è arrivata, la bici no. O almeno io non la trovo.
▷ Mmm..., strano...
■ Infatti...
▷ Senta, **può descriverla**? È in una sacca o in una valigia portabici?

- No. È in un cartone. L'ho imballata io. Quindi in pratica è **un pacco di cartone chiuso con un nastro adesivo**.
▷ Ho capito. La Sua **carta d'imbarco**?
- **Eccola**.
▷ Bene, **ha per caso l'etichetta del bagaglio**?
- Eh... sì, sul biglietto... **eccolo**.
▷ Va bene. Allora volo Milano-Palermo... bagaglio numero 2783576, pacco... Bah... però non lo trovo.
- **Come non lo trova**?
▷ Eh, **mi dispiace, ma qui non risulta** fra i bagagli partiti con il Suo volo.

Lezione 3

1   Nel giugno del 1969 Adriano aveva appena compiuto 20 anni. Per il pranzo aveva un'ora di pausa. Quel giorno c'erano i maccheroni con il sugo di carne. Non c'è stata una lunga discussione con il padre. Il motivo di contrasto non erano gli amici.

2   **Soluzione possibile:** *Da bambini si è più* impazienti, più curiosi, più affettuosi...; *Da anziani si è più* apprensivi, più pazienti, più permissivi, più prudenti...

3   **Soluzione possibile: 2** Mentre Lucia cucinava, i suoi figli guardavano la tv nella loro camera. **3** Mentre Stefania faceva la spesa, il suo ragazzo caricava i bagagli sulla macchina. **4** Mentre Sara si pettinava, sua cugina si truccava.

4   **1** suocero; **2** il mio amico; **3** cognato

5   **essere:** io, tu, lui/lei/Lei sia, noi siamo, voi siate, loro siano; **avere:** io, tu, lui/lei/Lei abbia, noi abbiamo, voi abbiate, loro abbiano; **lavorare:** io, tu, lui/lei/Lei lavori, noi lavoriamo, voi lavoriate, loro lavorino; **vedere:** io, tu, lui/lei/Lei veda, noi vediamo, voi vediate, loro vedano; **offrire:** io, tu, lui/lei/Lei offra, noi offriamo, voi offriate, loro offrano

6   vogliano, sia, siano, sia, facciano, abbiano

7   **2** *Credi* che Fabio vada a trovare i suoi genitori a Natale? **3** *Penso* che la Banca della memoria sia una raccolta di racconti di anziani. **4** *Non trova, signora,* che i giovani d'oggi abbiano troppa libertà? **5** *Credo* che in questo ristorante si paghi troppo e non si mangi bene.

8   **1** è; *Penso/Trovo/Credo* che sia meglio finire gli studi e poi sposarsi. **2** riesca; *Secondo te* (io) riesco a cambiare una ruota da solo? **3** affronti; Secondo me il corso non affronta questi argomenti. **4** ci si muova; Secondo me in centro ci si muove meglio a piedi.

9   Perdere la testa per...

10 **1** falso; **2** falso; **3** vero; **4** vero

11 ▷ Agenzia immobiliare Dominici. Buongiorno. Posso esser**Le** utile?
■ Buongiorno, **mi** chiamo Valli e sto cercando un appartamento **in** affitto **in** zona centrale.
▷ Che tipo **di** appartamento? Un monolocale, un bilocale...?
■ Beh, **mi** servono almeno due camere **da** letto. I miei figli vivono **con me** il fine settimana e quindi ho bisogno **di** una camera anche **per loro**.
▷ Quindi diciamo almeno un trilocale, due camere e cucina?
■ Beh, **mi** piacerebbe avere un soggiorno, ma la cucina può essere anche piccola, non mangio molto spesso **a** casa.
▷ Allora penso che l'appartamento **in** Via Roma sia perfetto **per Lei** e i suoi ragazzi. Ha due camere **da** letto, un unico locale cucina-soggiorno molto grande ed è **a** 10 minuti **a** piedi **dal** centro. Credo che non possa trovare niente **di** meglio!

Lezione 4

1 **2** avrà; **3** starà; **4** andranno; **5** costerà

2 **Soluzione possibile: 2** *Un amico fedele* è costante nei rapporti. **3** *Un amico saggio* pensa e agisce con buon senso. **4** *Un amico sincero* dice quello che pensa.

3 migliori, inseparabili, diversi, aperto (socievole), socievole (aperto), quello che, riflettere, paziente, ci si annoia, chiuso, affidabile, comprensivo, tesori

4 **2** Cecilia non vuole che Sandro lavori fino a tardi anche stasera. **3** Mentre studio non voglio che mi disturbiate.

5 **Soluzione possibile:** Ti sembra/Ti pare che l'uso della tecnologia favorisca i contatti? Non ti sembra/Non ti pare che i giovani abbiano più amici virtuali che reali? Ti sembra/Ti pare che i social network aiutino la comunicazione? Non ti sembra/Non ti pare che la conversazione faccia a faccia sia meglio di una e-mail?

6 1; 7; 4; 2; 10; 3; 8; 5; 6; 9

7 **1** falso; **2** falso; **3** falso; **4** falso

8 **2** Signora, legge spesso il giornale facendo colazione? **3** Togliti gli auricolari almeno mangiando! **4** Giacomo guarda lo schermo del computer, seguendo la conversazione tra i suoi figli. **5** Dicendo alla sua amica tutto quello che pensa, Simona è un po' agitata.

9 **1** trova un tesoro; **2** punta delle dita

10 degli, in, negli, del, su, di, alla, dei, per, per, di, a

11 1 ● **Silvia, tu hai un'amica del cuore?**
     ◆ Sì. Si chiama Mirella e ha 30 anni, come me.
     ● **Da quanto tempo vi conoscete?**
     ◆ Oh, di preciso non lo so. Ma saranno almeno 20 anni perché ci siamo conosciute da bambine.
     ● **E come vi siete conosciute?**
     ◆ Se ben ricordo, a danza. Sì, frequentavamo la stessa scuola.

   2 ● Laura, e tu hai un'amica del cuore?
     ◆ **No, io ho un amico del cuore. Lui: Mario.**
     ● Davvero? E come vi siete conosciuti?
     ◆ **In vacanza, due anni fa. Ci siamo incontrati per caso, poi lui mi ha seguito. E da allora siamo inseparabili.**
     ● Ah. E quanti anni ha Mario?
     ◆ **Mah, esattamente non si sa perché è un** trovatello. **Ne avrà più o meno 3. Eh, Mario...**

Lezione 5

1 1 c; 2 b, c; 3 a, b

2 **Soluzione possibile:** 1 Beh... non saprei.../Non saprei proprio...; 2 Dice? 3 Sì, mi piacerebbe e vorrei... 4 Io (a dire il vero) vorrei...

3 4; 1; 3; 6; 2; 5

4 **Soluzione possibile:**
   ▶ Offriamo pulizia del viso, maschera di fango termale, maschera di fango con massaggio, trattamento personalizzato...
   ■ *Ah, bene, vorrei provare* il trattamento personalizzato. *Quanto dura?*
   ▶ Dura circa quaranta minuti.
   ■ E quanto costa?
   ▶ 42 euro.
   ■ Come posso pagare?
   ▶ Come preferisce: in contanti o con carta di credito.
   ■ Senta, potrei prenotarne uno già per questo pomeriggio?
   ▶ Sì, certo Glielo prenoto subito. Alle 15:00 Le va bene?
   ■ *Va bene e* devo portare qualcosa, un asciugamano o un accappatoio?
   ▶ No, non è necessario.

5 1 ve la; 2 Glieli; 3 te lo; 4 ce le; 5 ve li; 6 glielo

6 2 Per favore, raccontamelo! 3 Gliele può dare/Può dargliele Lei? 4 Nel pomeriggio Glielo farò sapere. 5 Sara ve li ha spediti ieri. 6 Non ce le hanno ancora presentate.

7 **Soluzione possibile:** 1 **Sci:** sport individuale, montagna, sci...; 2 **Tennis:** rete, campo, racchetta...; 3 **Pesca subacquea:** pinne, mare, maschera...; 4 **Nuoto:** piscina, costume, cuffia...

8 **1** per, in; **2** in, alla; **3** Nel, del, in, al, nella, della; **4** per, in, di, con i /tra i; **5** per, di

9 giocatori, si gioca, in un campo, partita, campo, vince

Soluzione possibile: La pallacanestro è uno sport a squadre, che si pratica all'interno, in un campo da gioco rettangolare. Ogni partita si disputa fra due squadre di 5 giocatori ciascuna e dura quaranta minuti. Ci sono da uno a tre arbitri in campo. Bisogna portare la palla in fondo al campo e metterla nel canestro. Ogni canestro porta dei punti alla squadra. Vince la squadra che ha più punti.

10 **2** mentre *facevi il bagno*, durante il bagno; **3** mentre *frequentavo il corso*, durante il corso; **4** durante *la visita della città*, mentre visitate/visitavate la città; **5** mentre *telefonavamo*, durante la telefonata

11 **1** pallone; **2** la bicicletta, pedala

12 **1** vero; **2** falso; **3** vero; **4** vero

13 ▶ Buongiorno.
  ■ Buongiorno. Mi dica.
  ▶ **Senta, io sono arrivato oggi e vorrei qualche informazione.** Che trattamenti offrite?
  ■ **Guardi, qui da noi può fare innanzi tutto dei fanghi e dei massaggi.** L'ideale sarebbe abbinare le due cose: prima i fanghi e poi i massaggi.
  ▶ Ho capito. E li posso prenotare liberamente?
  ■ Beh, non proprio. **Prima dei fanghi bisogna fare una visita medica.**
  ▶ È proprio necessaria? Io sto bene, sono sano.

Lezione 6

1 **1 e** Regala un sorriso a chi ne ha bisogno. **2 b** Medici Senza Frontiere fornisce assistenza medica in tutto il mondo. **3 a** I volontari di Telefono Azzurro si occupano dei problemi dei bambini. **4 d** Cerca un'associazione di volontariato e offri il tuo dono. **5 c** La Caritas è un'organizzazione che aiuta i poveri.

2 **Soluzione possibile:** *La Protezione Animali è un'associazione* che si occupa di animali. Ci si può iscrivere e si paga una quota per diventare soci. Si può anche adottare a distanza un trovatello o comprare biglietti di auguri o prodotti. Per aiutare basta anche solo fare una piccola donazione.

3 **A** cavallo, 1, 4; **B** criceto, 3, 5; **C** agnello, 7, 8; **D** tartaruga, 2, 6

4 **1** stipendio, contatto; **2** proprio, orario; **3** professione, capacità; **4** resistenza, abilità

5 **Soluzione possibile: 1** Ha/Hai un orario di lavoro fisso? **2** Quali capacità bisogna avere nel Suo/

tuo lavoro? **3** Che cosa Le/ti piace di più del Suo/tuo lavoro? **4** È/Sei soddisfatto/a del Suo/tuo lavoro? **5** Come sono i rapporti con i colleghi?

6 **Insegnante: 2** Spero di lavorare di meno. **3** Spero che i colleghi siano più dinamici. **4** Spero che si dedichi più spazio ad attività creative./ Spero di avere più spazio per attività creative.

Studente: 2 Spero che gli insegnanti siano flessibili. **3** Spero che si organizzino più gite e feste a scuola. **4** Spero di avere un orario meno pesante.

7 Le aziende non concedono ai dipendenti più soldi in busta paga per le spese. Questo tipo di welfare aziendale non è diffuso in tutti i tipi di azienda.

8 **Soluzione possibile: 2** *I contributi* sono soldi destinati a spese per il welfare. **3** *Il contratto* è un documento che regola i rapporti di lavoro. **4** *L'assicurazione* è un documento che regola le spese per malattia o per incidente.

9 **2** I lavoratori stanno per usufruire delle ore accumulate. **3** Il datore di lavoro sta per concedere più servizi ai dipendenti. **4** Sta per entrare in vigore una nuova legge sul traffico. **5** Le ferie stanno per finire e noi stiamo per rientrare in città.

10 4

11 **a** **1** solo *come un* cane; **2** testardo *come* un mulo; **3** pauroso *come* un coniglio

b **Soluzione possibile:** sporco come un maiale; lento come una tartaruga…

12 **1** vero; **2** falso; **3** falso; **4** vero

13 ● Sabrina, **tu invece fai l'impiegata**, giusto?
◆ Sì, esatto. Sono impiegata in un'azienda.
● **Quindi hai un orario di lavoro fisso**.
◆ Sì, il classico orario d'ufficio.
● E ti trovi bene? Sei soddisfatta?
◆ Mah, da un lato sì **perché l'orario è compatibile con la vita di famiglia** – io ho un figlio – e **perché vado molto d'accordo con i colleghi**. E anche **con il mio capo mi trovo bene**.
● Però…?
◆ **Però per me è un lavoro un po' monotono**, un po' troppo legato alle pratiche, al computer… **Mi piacerebbe lavorare di più con le persone e magari fare qualcosa di più creativo**.
● Per esempio? Hai delle idee precise? Dei progetti?
◆ Sì, **vorrei mettermi in proprio** e aprire un negozio collegato a un'attività creativa, il bricolage per esempio. O qualcosa di simile.

Lezione 7

1 1 vero; 2 falso; 3 falso; 4 falso

2 2 Se il traffico è bloccato può uscire al prossimo casello autostradale. 3 Se inizia/inizierà a lavorare per la nuova azienda avrà un orario di lavoro meno pesante. 4 Se preferisci viaggiare in aereo devi/dovrai prenotare il volo con molto anticipo. 5 Se vogliamo rigenerarci possiamo trascorrere qualche giorno alle terme.

3 **È permesso:** fotografare gli animali, camminare sui sentieri, portare i cani al guinzaglio, osservare gli animali e le piante.

È vietato: abbandonare i rifiuti, disturbare gli animali, accendere fuochi, camminare fuori dai sentieri, usare mezzi a motore.

È vietato anche campeggiare, cacciare e pescare.

4 posizione; costruzione; materiali; caratteristiche

Soluzione possibile:
- ■ *Sì, è una casa monofamiliare* di 120 metri quadrati su due piani.
- ◊ In che posizione si trova?
- ■ È in campagna, in collina.
- ◊ ...ed è "ecologica" se non sbaglio...
- ■ Sì, è una costruzione di bioedilizia.
- ◊ Di che materiali è fatta?
- ■ È di legno e mattoni...
- ◊ E che caratteristiche ha?
- ■ Ha i tripli vetri e i pannelli solari.
- ◊ *Allora consumerà poca energia...*

5 2 Non è necessario/bisogna riscaldare molto. Non è necessario/bisogna che riscaldi molto.
3 È necessario/Bisogna mettere i pannelli solari. È necessario/Bisogna che mettiamo i pannelli solari. 4 È necessario/Bisogna avere un buon isolamento. È necessario/Bisogna che la casa abbia un buon isolamento. 5 È necessario/Bisogna risparmiare energia. È necessario/Bisogna che risparmiate energia.
6 È necessario/Bisogna rivolgersi alle persone giuste. È necessario/Bisogna che ti rivolga alle persone giuste.

6 Stefano ha paura che la strada sia abbastanza rumorosa, che l'edificio non abbia un buon isolamento e che consumi molta energia. Ha paura di decidere troppo in fretta e di prendere una decisione sbagliata, ma anche di non trovare un appartamento migliore per lo stesso prezzo.

7 Sono *già* state cambiate, viene divisa, Sono stati fatti, vengono risparmiati, vengono guadagnati, sei *ancora* stato ricontattato

8 **Una volta:** *Tutti i rifiuti* venivano messi *in un unico cassonetto*. Venivano costruiti *edifici ad uso abitazione anche vicino alle zone industriali.*

Oggi: Viene fatta *la raccolta differenziata*. Vengono chiuse *le strade in città a causa dell'inquinamento*.

In futuro: Verranno vendute *solo lampadine a basso consumo*. Verrà sviluppata *la rete dei mezzi pubblici*. *Non* verrà progettato *un quartiere in zone a rischio di inquinamento*.

9   **1** cuore grande come una; **2** sono di; **3** come a

10 **1** c; **2** a; **3** b

11 ◇ Ciao.
    ■ Permesso.
    ● Ciao. Entrate pure. **Benvenuti nella nostra casa passiva**.
    ■ Passiva?
    ● Sì, si chiama così. **È una casa a basso consumo energetico**.
    ◇ È tutta in legno o mi sbaglio?
    ● Sì, hai ragione: è tutta in legno.
    ■ **Ma non è pericoloso**?
    ● No, perché è trattata con vernici speciali **che resistono al fuoco**. Consuma **poca energia** perché **è costruita con molta attenzione all'isolamento**.
    ■ Per esempio?
    ● Per esempio **ci sono i tripli vetri**.
    ■ Addirittura… **E il riscaldamento è a metano o a gasolio**?
    ● Né **a metano** e né **a gasolio**. In cantina c'è una pompa geotermica, **cioè una pompa che porta in casa il calore della terra**. Lo "pesca" fino a 120 metri di profondità.
    ◇ **C'è un sacco di tecnologia**, allora, in questa casa!

Lezione 8

1   **Luca:** film di fantascienza; **Francesco:** film gialli; **Paola:** film drammatici; **Giuliana:** film dell'orrore; **Laura e Sergio:** commedie

2   a **Soluzione possibile: 1** L'attore interpreta un ruolo in un film. **2** Lo sceneggiatore scrive la storia di un film.

    b sceneggiatrice; attrice; protagonista; regista

3   **Soluzione possibile:** … abbiamo conosciuto delle persone interessanti; … ci siamo informati sulle novità; … abbiamo sentito delle presentazioni; … abbiamo comprato dei libri; … siamo andati a vedere gli stand internazionali

4   **Soluzione possibile:**
    ◆ *Pronto?*
    ● *Pronto,* potrei parlare *con Sabrina?*
    ◆ *Eh… sì, ma…* chi parla, *scusi?*
    ● Scusi, *sono Gianni, un suo amico.*
    ◆ Aspetti un *momento,* Gliela passo *subito.*
    ● Va bene. Grazie.
    ■ Ciao Gianni.

- Ciao Sabrina, ti va di venire al cinema sabato 26 con me e Simone?
- E che film guardiamo?
- L'ultimo di Giuseppe Tornatore: "La migliore offerta".
- Beh sì, ma dove e a che ora?
- Alle nove al Multimax.
- *Sì, va bene. Ci troviamo davanti* al cinema alle nove meno venti? Basterà per trovare posto?
- Ma sì, dai, basterà...
- OK, allora alle nove meno venti. A Simone telefoni tu?
- Va bene. Lo chiamo io. Allora ci vediamo sabato, eh? Ciao.

5 **Soluzione possibile: 2** *Un libro di cucina* contiene ricette. **3** *Un libro di fumetti* è un libro con una storia raccontata con disegni. **4** *Un saggio* tratta un tema culturale o scientifico. **5** *Una recensione* è un parere critico di un esperto su un libro.

6 **2** anzi; **3** cioè; **4** anche se; **5** quindi; **6** mentre

7 **Soluzione possibile:** Nel disegno si vede uno studio di architetto. Sulla sinistra ci sono tre finestre e una porta, mentre in fondo si vedono due finestre e una seconda porta. Sopra questa porta si trova un orologio, che indica le ore 00:12. Sulla parete di destra c'è un mobile e al centro si vede una signora seduta su una sedia rossa che sta disegnando a un tavolo da lavoro. Sul tavolo ci sono dei fogli bianchi, delle penne e due lampade. La signora è giovane, porta una maglietta bianca e dei pantaloni blu. Ha i capelli castani lunghi.

8 **1** a; **2** c; **3** b

9 **2** Ieri è arrivato il libro che avevamo ordinato la settimana scorsa. Ieri è arrivato il libro: l'avevamo ordinato la settimana scorsa. **3** Stamattina ha trovato le chiavi che aveva perso due giorni fa. Stamattina ha trovato le chiavi: le aveva perse due giorni fa. **4** Hanno fatto l'abbonamento a una rivista che avevano acquistato in fiera. Hanno fatto l'abbonamento a una rivista: l'avevano acquistata in fiera. **5** Ha ordinato i dvd dei film che aveva visto su un sito Internet. Ha ordinato i dvd dei film: li aveva visti su un sito Internet.

10 **1** stampato; **2** aperto; **3** nero

11 **1** falso; **2** falso; **3** falso; **4** vero

12
- **Senti, piuttosto, stamattina mentre facevo la spesa ho incontrato Paola...**
- ◆ Ah! È un po' che non la vedo...
- **Eh... e mi ha chiesto se andiamo con lei al cinema in piazza, una di queste sere.**
- ◆ Cinema in piazza?
- **Sì, c'è il cinema all'aperto. Non ti ricordi?**
- ◆ Ah, già! È vero! Devo avere anche il programma, da qualche parte... Che cosa danno?

- Mah, per esempio "La solitudine dei numeri primi", che non è nuovissimo ma io non l'ho ancora visto.

◆ Nemmeno io, però non so... **Quando un film è tratto da un libro spesso mi delude.**

Lezione 9

1. **2** Quando è arrivata in tv la *pubblicità*? **3** Quando sono iniziate le trasmissioni a *colori*? **4** Quando sono nate le prime emittenti *private*?

2. **2** 1492 = 15°/quindicesimo/XV secolo; **3** 1946 = 20°/ventesimo/XX secolo; **4** 826 = 9°/nono/IX secolo; **5** 1506 = 16°/sedicesimo/XVI secolo

3. **Soluzione possibile: 2** *La serie* è una trasmissione a puntate in cui si trovano sempre gli stessi protagonisti. **3** *Il documentario* è un breve film che informa su argomenti di attualità o culturali. **4** *La telecronaca* è la trasmissione di un avvenimento accompagnata da un commento. **5** *Il reality show* è un programma in cui si mostrano le vicende di persone comuni in situazioni reali.

4. **Soluzione possibile:** mezzo di intrattenimento; mezzo di istruzione; luogo di dibattito politico; mezzo per fare pubblicità; mezzo di diffusione di idee e mode.

5. **1** c; **2** c; **3** c

6. **2** iniziata prendendo **3** trascorsi facendo **4** passato finendo **5** festeggiata andando, divertendosi

7. **essere:** io, tu *fossi*, lui/lei/Lei fosse, noi fossimo, voi foste, loro fossero; **fare:** io, tu facessi, lui/lei/Lei facesse, noi facessimo, voi *faceste*, loro facessero; **dare:** io, tu dessi, lui/lei/Lei desse, noi dessimo, voi deste, loro *dessero*; **stare:** io, tu stessi, lui/lei/Lei *stesse*, noi stessimo, voi steste, loro stessero; **avere:** io, tu avessi, lui/lei/Lei avesse, noi *avessimo*, voi aveste, loro avessero

8. **1** lavorassi, vorrei; conducessi, presenterei **2** rimanessi, potresti; guardassi, sarebbero **3** fosse, avreste

9. **Soluzione possibile:**
Enrico ha 45 anni e guarda la tv solo la sera, 1 o 2 volte alla settimana. La guarda per divertirsi, a casa di amici o al bar. Gli piacciono i programmi sportivi e la politica.

Rosa, che ha 73 anni, guarda la televisione ogni giorno, sia il pomeriggio che la sera. La guarda a casa, per intrattenersi. Il pome-

riggio di solito preferisce seguire serie e telefilm, mentre la sera guarda prima il telegiornale e poi o un varietà o una fiction.

Luca ha 18 anni e guarda la televisione spesso, ma solo via computer, di sera o di notte. La guarda un po' dappertutto, per rilassarsi, ma anche per istruirsi. I suoi programmi preferiti sono le serie e i documentari che trattano temi storici.

10 molto arrabbiato, ottimista, storie d'amore, di delitti, molto arrabbiato/di cattivo umore, dormi per niente, hai più soldi

11 1 vero; 2 falso; 3 falso; 4 vero

12 ◆ Che cosa **fate di bello stasera**?
■ Ah, io mi guardo Sanremo.
◆ Il Festival? Ancora? Ma non è finito?
■ **Macché! Scherzi!** Stiamo appena entrando nella fase calda!
◆ **Ma come fai a non annoiarti?** È ogni anno la stessa cosa!
● **Forse è per questo** che Emilia lo ama così tanto...
■ Mmm, spiritoso... Ma perché **voi che programmi avete stasera**? Che fate di straordinario?
● Boh, io sono stanchissimo. Mi sa che **mi butterò anch'io sul divano e mi guarderò un film.**
◆ Ecco, un film sì. **Anch'io vedrei volentieri un film... se ci fosse qualcosa di bello.** Però, mi sa che non c'è molta scelta. Tu cosa guardi?
● Boh, non lo so, **vedremo cosa danno**. Però, vedi, **tu non vuoi la tv satellitare** e tutte queste cose qua. Ma **se prendessi anche tu una cosa** del genere, **avresti più scelta**, come me.

Lezione 10

1 La lingua unitaria esiste dal Cinquecento, quindi dal sedicesimo secolo e non dal quindicesimo. L'uso della lingua è passato dalla letteratura alla politica. Dante è vissuto nel quattordicesimo secolo.

2 1 *Nel 1889 la regina Margherita era in visita a Napoli/visitò Napoli.* 2 *In quell'anno Raffaele Esposito* lavorava alla pizzeria Brandi e preparò una pizza, che chiamò margherita in onore della regina. 3 *La pizza margherita non è conosciuta solo* a Napoli o nel Sud dell'Italia, *ma anche* in tutto il mondo. 4 *La pizza* è un pasto completo, costa poco, è nutriente *e i suoi ingredienti fondamentali sono* pomodoro, basilico e mozzarella. 5 *Per i napoletani la vera pizza* non va cotta nel forno elettrico, deve essere fatta con mozzarella campana ed essere tonda.

3 2 Il contratto di affitto dell'appartamento va firmato subito. Lo

firmi subito! **3** I carichi esterni vanno fissati alla macchina con molta attenzione. Fissali bene! **4** Il basilico va aggiunto alla pizza all'ultimo momento. Aggiungetelo alla fine! **5** Per evitare le insolazioni va messa una crema da sole ad alta protezione. Non metterla a bassa protezione! **6** Le gocce vanno prese tre volte al giorno prima dei pasti. Non le prenda dopo i pasti!

4 **1** ho dovuto, sono dovuto; **2** ho *sempre* voluto, non sono potuta; **3** sono dovuto, abbiamo potuto

5 **2** in questura; **3** alla società, il servizio; **4** accettare *un'*eredità; **5** alla posta *o* in banca; **6** residenza, *agli* uffici del Comune

6 **2** noi controllammo; **3** lei eseguì; **4** tu vedesti; **5** io chiesi; **6** loro vendettero/venderono

7 **avere:** io ebbi, noi avemmo, loro ebbero; **essere:** io fui, tu fosti, noi fummo; **fare:** lui/lei/Lei fece, noi facemmo, loro fecero; **dire:** io dissi, noi dicemmo, voi diceste; **venire:** tu venisti, lui/lei/Lei venne, loro vennero

8 Soluzione possibile: *Per prima cosa* trovò lavoro e arredò l'appartamento. Poi fece dei giri per scoprire la città e cercò di conoscere gente nuova: entrò in contatto con i vicini e uscì con i colleghi. *Naturalmente dovette anche avviare e sbrigare molte pratiche, per esempio* andò negli uffici del Comune e cambiò residenza, aprì un conto corrente, pagò delle bollette alla posta...

9 **1** pizza; **2** pasta; **3** pezzo

10 **1** falso; **2** vero; **3** vero; **4** falso

11 **a** Soluzione possibile: Una signora che vive a Brescia e che ha ereditato una casa in una regione del Sud, è andata all'ufficio della società che gestisce il servizio del gas, per lamentarsi. Ha ricevuto infatti una bolletta sbagliata, con una cifra troppo alta. Lei aveva abitato solo pochi giorni nella casa, quindi il suo consumo di gas non poteva essere così elevato. Purtroppo quando sono venuti a fare la lettura del contatore lei non c'era: c'è una persona che si occupa della casa e non ha controllato le cifre. L'impiegata le dice che bisogna verificare la procedura e che la signora deve avviare una pratica. Se la signora le lascia un recapito telefonico, verrà informata direttamente.

b Soluzione possibile:
◆ **Buongiorno.**
■ Buongiorno. Mi dica.
◆ **Senta, io ho ricevuto questa bolletta.**
■ Sì.
◆ **Però ci dev'essere un errore perché è una cifra esagerata.**
■ Lei dice...
◆ **Eh, sì. Perché vede, io in realtà non abito qui, sono di Brescia. Questa bolletta è per una casa che ho ereditato.**

- ■ Ah. E da quando la bolletta è a Suo nome?
- ◆ **Da sei mesi. Ecco, vede?**
- ■ Mhm.
- ◆ **Da quando la casa è a nome mio ci ho abitato solo pochi giorni, sei mesi fa appunto.**
- ■ Eh.
- ◆ **Poi non sono più potuta tornare. Quindi non ho nemmeno potuto consumare tutto questo gas. Non è possibile.**
- ■ E quando vennero a fare la lettura del contatore, allora Lei non c'era?
- ◆ **Esatto. Quando sono venuti io ero a Brescia.**
- ■ Aha. Quindi nessuno controllò le cifre, allora?
- ◆ **Eh no, purtroppo no. C'è una persona che si occupa della casa, ma non ha controllato le cifre. Non credo...**
- ■ Ah. Si dovrebbe fare, però, sa? Perché errare è umano.
- ◆ **Sì, per carità. Mi è capitato anche su a Brescia, eh... Non è mica la prima volta.**
- ■ Allora magari lo dica a questa persona.

Appunti

Appunti

Indice delle fonti

Pagina 11: © iStockphoto/Snapphoto | **Pagina 13:** © fotolia/tavi | **Pagina 32:** © Cinzia Cordera Alberti, Monaco di Baviera | **Pagina 35:** a sinistra © iStockphoto/Spanishalex; a destra © PantherMedia/Benis Arapovic | **Pagina 40:** A, C, D © Thinkstock/iStockphoto; B © PantherMedia/Tom Gowanlock | **Pagina 45:** 1 © iStockphoto/Ljupco; 2 © fotolia/lightpoet; 3 © Thinkstock/iStockphoto | **Pagina 52:** © fotolia/picturia | **Pagina 53:** © Thinkstock/iStockphoto | **Pagina 61:** © iStockphoto/Reinhold Ratzer | **Pagina 63:** © Jupiterimages/Creatas/Perry Mastrovito | **Pagina 74:** © Thinkstock/iStockphoto

Contenuto del CD audio

Il CD audio allegato contiene tutte le registrazioni relative alla sezione *Ancora più ascolto*.
Durata complessiva: 30'46".
© Alma Edizioni - Firenze | Tutti i diritti riservati.
Voci: Giovanni Ciani, Cristiana Cornelio, Isabella Ernst, Franco Mattoni, Marco Montemarano, Danila Piotti, Anna Colella.
Registrazione e produzione: Tonstudio Langer, 85737 Ismaning, Germania.

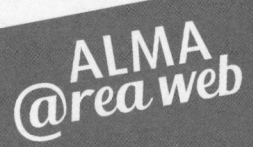

scopri nel nuovo menu tutte le RISORSE extra gratuite

SITI DEDICATI per ogni corso di lingua, un mondo di risorse **online** per l'insegnante e per lo studente

RISORSE

- ALMA TV
- AMBARABÀ
- CHIARO!
- DOMANI
- ESPRESSO RAGAZZI
- IN BOCCA AL LUPO, RAGAZZI!
- ITALIA PER STRANIERI
- ITALIANO DI BASE
- ITALIANO FACILE - LETTURE
- ITALIANO FACILE - STORIE
- L'ITALIANO CON I FUMETTI
- MOVIMENTE
- NEW ITALIAN ESPRESSO
- NUOVO CANTA CHE TI PASSA
- NUOVO ESPRESSO
- NUOVO MAGARI
- PARLA CON ME
- UNIVERSITALIA

esercizi interattivi a punti che consentono agli studenti di lavorare direttamente **online** e mettersi alla prova

audio e video da proporre in classe: fumetti animati, canzoni, videoclip, ...

test di ingresso e progresso per verificare il livello di conoscenza degli studenti e inserirli nel corso a loro più congeniale

tantissime **attività extra** per stimolare la curiosità degli studenti: giochi, progetti, calendari, cartine, ...

glossari multilingue con la traduzione delle parole e delle espressioni contenute nei corsi

... e molto altro! Cosa aspetti? vai su **www.almaedizioni.it**